El Síndrome de las Supermujeres

Amat Editorial, sello editorial especializado en la publicación de temas que ayudan a que tu vida sea cada día mejor. Con más de 400 títulos en catálogo, ofrece respuestas y soluciones en las temáticas:

- Educación y familia.
- Alimentación y nutrición.
- Salud y bienestar.
- Desarrollo y superación personal.
- Amor y pareja.
- Deporte, fitness y tiempo libre.
- Mente, cuerpo y espíritu.

E-books:
Todos los títulos disponibles en formato digital están en todas las plataformas del mundo de distribución de e-books.

Manténgase informado:
Únase al grupo de personas interesadas en recibir, de forma totalmente gratuita, información periódica, newsletters de nuestras publicaciones y novedades a través del QR:

Dónde seguirnos:

 | @amateditorial

  | Amat Editorial

Nuestro servicio de atención al cliente:
Teléfono: **+34 934 109 793**
E-mail: **info@profiteditorial.com**

El síndrome de las Supermujeres

Por qué las mujeres de éxito tienen más dificultades amorosas

© Antoni Bolinches, 2020
© Profit Editorial I., S.L., 2020
Amat Editorial es un sello editorial de Profit Editorial I., S.L.
Travessera de Gràcia, 18-20, 6º 2ª; Barcelona-08021

Diseño de cubierta: typorvila.com
Maquetación: Marc Ancochea

ISBN: 978-84-18114-02-1
Depósito legal: B 26695-2019

Impresión: Liberdúplex
Impreso en España / *Printed in Spain*

No se permite la reproducción total o parcial de este libro, ni su incorporación a un sistema informático, ni su transmisión en cualquier forma o por cualquier medio, sea electrónico, mecánico, por fotocopia, por grabación u otros métodos, sin el permiso previo y por escrito del editor. La infracción de los derechos mencionados puede ser constitutiva de delito contra la propiedad intelectual (Art. 270 y siguientes del Código Penal).
Diríjase a CEDRO (Centro Español de Derechos Reprográficos) si necesita fotocopiar o escanear algún fragmento de esta obra (www.conlicencia.com; teléfonos: 91 702 19 70 - 93 272 04 45).

*A todas las supermujeres,
para que su excelencia personal no perjudique
sus expectativas amorosas.*

*A todos los hombres y mujeres del futuro,
para que, a través de la maduración personal,
alcancen el amor armónico.*

ÍNDICE

Agradecimientos 9
Introducción 11

❶ Los felices sesenta 13
    Mi teoría de la felicidad 18

❷ La generación X y el desencuentro amoroso 25
    Los hombres desorientados 29

❸ Los hombres en progresión 35
    Los nuevos seductores 38

❹ Los hombres en regresión 45
    Los hombres en reacción 46
    Los hombres Peter Pan 50

❺ Las mujeres y el amor 55
    Las mujeres decepcionadas 57
    El conformismo masculino 59
    El kilo de novecientos gramos 61
    Mi teoría de la seguridad personal 63

❻ El síndrome de las supermujeres 69
    La supermujer conformada 73
    La supermujer reactiva 75
    La supermujer castradora 76

❼ Los factores de riesgo 81
    La presión social a emparejarse 83
    El fatalismo estadístico 83
    En busca del hombre adecuado 87
    Bajar el listón 88

8 Como superar el síndrome **93**
    El sistema PAN y el comportamiento 94
    La Terapia Vital al servicio de las supermujeres 98
    La aceptación superadora 100
    La inteligencia constructiva 103
    El sufrimiento productivo 105

9 El futuro amoroso de las supermujeres **111**
    El egoísmo positivo 113
    El amor es cosa de tres 115
    La elección del sujeto amoroso ideal 116
    La matemática de los sentimientos 123

10 El valor de la experiencia **127**
    El atractivo de la madurez 128
    El amor no tiene edad… pero las personas, sí 130
    La supermujer autosuficiente 134
    La supermujer facilitadora 136

11 Los amores del futuro **139**
    Los hombres queribles 141
    Las mujeres queribles 144
    Las parejas del futuro 145
    Mi teoría de la pareja 149

Del mejoramiento personal al amor armónico **155**

Nota al lector 158
Índice de figuras 159
Índice de casos 160
Glosario de conceptos básicos 160
Otros libros del autor citados en el texto 174

AGRADECIMIENTOS

Los lectores de mis libros del pasado se convierten, con el tiempo, en padres de mis libros del futuro. En este caso, los padres del *Síndrome de las supermujeres* han sido los lectores de *Amor al segundo intento,* porque gracias a que muchos de ellos han acudido a mi consulta, he podido recopilar la información necesaria para escribirlo. Sin los comentarios de las mujeres decepcionadas por falta de calidad en sus relaciones de pareja y las aportaciones de los hombres que han solicitado mi ayuda para encontrar un nuevo código de comunicación amorosa, no me hubiera sido posible detectar el problema que expongo en este ensayo ni proponer las estrategias psicológicas que pueden ayudar a resolverlo.

Mi agradecimiento, también, a todas las parejas que han compartido conmigo sus inquietudes, porque ellas me han permitido detectar un síndrome que se ha ido larvando durante dos generaciones pero que ha eclosionado en esta década.

Gracias, en especial, a Amat Editorial por haberse atrevido a publicar una obra que, sin duda, levantará polémica.

Y, por último, gracias a Remedios Rojas y a Raimon Gaja por su apoyo constante a mi labor clínica, divulgativa y docente.

INTRODUCCIÓN

El problema de la mujer siempre ha sido un problema de hombres.
SIMONE DE BEAUVOIR

Este libro es una continuación y, al mismo tiempo, una «corrección» de *El nuevo arte de enamorar*. Es una continuación porque sigue desarrollando la idea-fuerza de mi teoría del enamoramiento según la cual afirmo que **el arte de enamorar es el arte de mejorar**. Pero el matiz que incluyo ahora es que el aforismo sirve más para los hombres que para las mujeres, porque *las mujeres que mejoran no son las que más enamoran*. Por eso, la intención de este nuevo ensayo es proponer un programa de cambio personal para que los hombres de hoy mejoren lo suficiente como para quedar en condiciones de enamorar a las mujeres del presente. Pero a su vez, y ahí empieza la intención reparadora, en el libro citado apenas hablo de cómo la actual desorientación masculina limita las posibilidades de que un gran número de mujeres encuentren hombres adecuados para ellas.

Para no andarme con rodeos voy a exponer de forma clara el problema que quiero plantear y resolver, empezando por matizar mi teoría del enamoramiento reformulándola en los siguientes términos:

> Es incuestionable que los hombres que mejoran son los que más enamoran. En cambio, no está tan claro que las mujeres que enamoran sean las que más mejoran.

Evidentemente ambas afirmaciones no son una opinión subjetiva y caprichosa que me permito defender a la ligera, sino que están fundamentadas en la práctica clínica y en las investigaciones de campo que he realizado desde que escribí *Amor al segundo intento*, que son las que han hecho evidente esta paradoja amorosa específicamente femenina, según la cual las mujeres, a medida que se perfeccionan y progresan como personas, limitan sus posibilidades de encontrar parejas masculinas hasta un punto que ha hecho que las mejores mujeres estén pagando en soledad amorosa su éxito social, profesional y económico. Para que se entienda el fenómeno que pretendo analizar, voy a enunciarlo haciendo la siguiente comparativa:

> Mientras que los hombres que mejoran, aumentan sus posibilidades de elegir pareja, las mujeres que han pasado por un proceso semejante limitan sus posibilidades de elegir y ser elegidas como pareja.

¿Por qué se da ese resultado antagónico? ¿Por qué los hombres reciben un premio amoroso a su mejora, mientras que las mujeres reciben un castigo? Estas son las dos preguntas que intentaré contestar en este ensayo y espero que, al terminar de leerlo, ustedes me digan si he conseguido responderlas de forma que resulte útil para todas las personas que se sienten concernidas por el problema, aunque los principales destinatarios de este libro son los hombres y mujeres nacidos entre los años 1960 y 1980, porque ellos son los que viven más agudamente el problema. Encuentros y desencuentros, parejas que se hacen y se deshacen y amores tan líquidos que se escurren entre las manos. Esa es la realidad amorosa de una generación que está sufriendo en toda su crudeza las consecuencias del cambio radical que ellos mismos han protagonizado y que nos ha llevado a una situación que tiene a las mejores mujeres decepcionadas y a la mayoría de los hombres desorientados.

Pero como para entender un proceso es preciso situarlo en el contexto en el que se produjo, quizá sea conveniente remontarnos a la generación anterior, la llamada generación *beat* o generación del 68, según el ámbito musical o político que cada uno quiera tomar de referente. Y como esa generación es la mía y tengo la autoridad que me otorga mi experiencia y profesión para hablar de ella, voy a decir algunas cosas sobre los jóvenes de hace cincuenta años que ayudarán a entender por qué los hombres de hoy no encuentran la pareja que quieren y las mujeres no quieren a las parejas que encuentran.

1

LOS FELICES SESENTA

*Miedo de la mujer a la violencia del hombre
y miedo del hombre a la mujer sin miedo.*
Eduardo Galeano

Como tengo setenta y dos años estoy en condiciones de afirmar, sin temor a equivocarme, que por experiencia personal e influencia cultural pertenezco al siglo XX porque en él ha transcurrido la mayor parte de mi vida. Pero también es cierto que lo que me da autoridad para hablar de mi generación es la perspectiva y la madurez que he ido adquiriendo al hacerme viejo en este siglo, porque eso es lo que me permite hablar de forma que resulte útil a las generaciones del presente y del futuro. Y como no soy historiador, ni político, ni economista, me van a permitir que les hable de esa época desde una óptica psicosocial, que es la que me corresponde en mi condición de psicólogo y pensador humanista.

Empezaré el relato comentando el impacto que tuvo en el inconsciente colectivo, de mi generación, las dos grandes guerras que acababan de tener lugar cuando yo nací: la guerra civil española y la segunda guerra mundial.

Para sintetizar la repercusión psicológica de aquellos hechos podría decir que, en mi infancia, se valoraba sobremanera la paz y la comida pero, al alcanzar la adolescencia y a medida que ambas cosas iban quedando suficientemente aseguradas, pasamos a ser los jóvenes de los años sesenta. Entonces ya no nos bastaba con tener garantizado el sustento y empezamos a reclamar la satisfacción de otras dos grandes necesidades básicas:

las sexuales y las políticas. Las primeras porque estaban reprimidas y las segundas porque estaban prohibidas.

En ambos aspectos Europa acudió en nuestra ayuda a través del turismo porque gracias a él en España no solo entraron las divisas sino también las suecas, las inglesas y las francesas, lo cual facilitó que los jóvenes pudiéramos tener las primeras experiencias sexuales sin que intermediara en ellas promesas de matrimonio, como era preceptivo en el caso de que el sexo se practicara con las jóvenes del país. Total, que fuera por la liberación de las costumbres, por el progreso económico o porque aparecieron los Beatles, los años sesenta fueron calificados de «felices» porque permitieron un alejamiento suficiente de los traumas bélicos y una gratificación incipiente de las necesidades primarias.

Acabo de resumir la historia local de mi generación en media página, lo cual denotaría una enorme ligereza intelectual por mi parte, si no fuera porque con este intencionado enfoque simplista quiero resaltar que me interesa más la historia del futuro que la historia del pasado. Por eso quiero cuestionar esa creencia errónea tan generalizada según la cual «los pueblos que no recuerdan su historia están condenados a repetirla», cuando en rigurosa dinámica psicológica ocurre con frecuencia lo contrario, de modo que cuanto más recuerdas la historia más riesgo tienes de repetirla, porque puedes incurrir en el error de querer repararla.

Esa es la razón por la cual he preferido limitar las referencias a las guerras que han jalonado nuestra historia para centrarme en una «guerra» más sutil e íntima, que es la que están manteniendo los hombres y mujeres contemporáneos para crear un modelo de relaciones de género válido para ambos sexos. Acabar con esa guerra y conseguir la paz es lo que permitiría superar el modelo de predominio masculino y subordinación femenina que se ha mantenido vigente a lo largo de la historia de la Humanidad hasta los años que dan título al encabezamiento del capítulo.

¿Qué ocurrió en la década de 1960 para que ese modelo entrara en crisis? ¿Qué pasó para que la mujer, subordinada al hombre, dejara de estarlo? Evidentemente un proceso tan complejo no puede sintetizarse en pocas líneas, pero los aspectos que me interesa desarrollar, que son las causas psicosociales que generaron el cambio en el modelo de relaciones de género, voy a resumirlos en tres puntos:

1. El cambio radical en la jerarquía de valores existenciales derivada de la segunda guerra mundial.

No hay que olvidar que en la contienda murieron sesenta millones de personas y que eso generó un sentimiento generalizado de que la vida era algo frágil que merecía ser preservado y defendido aún a costa de infringir la ética y las convenciones sociales.

Esa percepción de la precariedad de la existencia generó una revisión «voluntaria», pero forzada por la situación, conocida como «moral de guerra», lo cual significa, por decirlo de forma breve, que las personas relativizan las convicciones morales para priorizar la subsistencia. Y en ese tipo de situaciones se dan comportamientos que entran en conflicto con los propios principios éticos, como puede ser delatar a un amigo para conservar la propia vida, o cambiar la virginidad por una tableta de chocolate. Por eso, después de la guerra, la gente empezó a pensar que independientemente de los placeres celestiales que las religiones prometían, también era lícito crear un modelo social donde se pudiera gozar de un paraíso terrenal donde las necesidades humanas pudieran ser satisfechas en proporción suficiente. Y como los principales placeres primarios son comer, beber, fornicar y descansar, la consecuencia natural de esa satisfacción fue una relajación de los valores morales en beneficio del hedonismo, lo cual supuso el segundo punto de inflexión del *statu quo* precedente.

2. La revisión de los valores morales y el cuestionamiento del sentido de la vida.

En ese caldo de cultivo de crisis de los valores morales y cuestionamiento de las ideologías, tuvo su eclosión en Estados Unidos el movimiento hippy, cuyo eslogan «haz el amor y no la guerra» reflejaba perfectamente el sentimiento de una generación que apostaba por un modelo de organización social, radicalmente opuesto al capitalismo, en el que el pacifismo, la libertad sexual y un estilo de vida más respetuoso con el medio ambiente permitiera una convivencia armónica entre las personas, las otras especies animales y la madre naturaleza. De ahí que las flores se convirtieran en su símbolo.

Mientras eso ocurría en Estados Unidos, en Europa se producía una corriente contestataria con sello propio que tuvo su culminación en el

«Mayo francés del 68», un fenómeno sociopolítico no suficientemente analizado, donde se cuestionó, de forma radical, el poder establecido que estuvo a punto de provocar una crisis del sistema capitalista.

Lo que ocurrió en París y en otras ciudades de Francia significó un toque de alerta a las democracias para que buscaran la forma de implicar a la juventud en las estructuras de un poder poco permeable a las demandas del cambio social, pero de aquellas reivindicaciones ha quedado poca cosa. De hecho, ha transcurrido medio siglo y sus consignas más conocidas aún siguen siendo válidas: «Seamos realistas, pidamos lo imposible» y «La imaginación al poder» son máximas que podemos seguir suscribiendo en la actualidad, porque en la era de los Trump y los Putin son más necesarias que nunca. Con la primera, deberíamos contar todos para ayudarnos a nosotros mismos a mejorar. Y con la segunda, deberían contar los políticos si de verdad quieren acabar con los graves problemas que acosan a nuestra civilización. Quizá incluso podríamos fusionar ambas frases y mejorar el mensaje para decirnos todos a todos: *seamos realistas pidamos lo imposible, pidamos a las personas que se ayuden a sí mismas y ayudemos a esas personas para que lleguen al poder.*

3. La liberación femenina y la disociación entre procreación y sexualidad.

Junto a ese giro en el pensamiento social que acabo de describir, y paralelamente a él, se produjeron una serie de avances científico-médicos, algunos de los cuales resultaron de vital importancia para el control de la natalidad. Del *coitus interruptus* y el *ogino* de los años cincuenta se ha pasado, en tres generaciones, a la utilización generalizada de métodos anticonceptivos seguros y eficaces que permiten ejercer la libertad sexual sin más limitaciones que las que aconseja la prevención de las enfermedades que se transmiten por ese conducto, lo cual ha producido unos cambios determinantes en el comportamiento sexual y en las relaciones amorosas. Hoy son pocas las jóvenes que desean llegar vírgenes al matrimonio y las hay que ni siquiera desean llegar al matrimonio. El tabú de la virginidad ha perdido importancia y ni los hombres ni las mujeres relacionan ya virginidad con honestidad como ocurría antes.

No obstante, y aunque, evidentemente, la moral social es menos sexista, hay personas que consideran que la liberación sexual femenina se ha producido porque le interesa al colectivo masculino ya que, cuanto menos prejuicios tenga la mujer, más asequible será a las demandas del varón. Quizá sea cierto, pero cierto es también que ahora, en la relación sexual, cuando la cosa funciona, disfrutan los dos participantes y ambos se alegran por ello.

Para no extenderme sobre el sexismo que todavía afecta al mundo de la sexualidad, puesto que esos temas los desarrollo ampliamente en *Sexo Sabio*, me limitaré a resumir el proceso de incorporación femenina al disfrute sexual, señalando las fases de la evolución social y psicosexual que la han hecho posible:

1. Las mujeres acceden, de forma masiva, a uno medios anticonceptivos asequibles y eficaces.

2. Esto les permite disociar sexualidad de procreación, lo cual les facilita una sexualidad más gratificante.

3. Ese mayor disfrute refuerza conductualmente la práctica sexual y sensibiliza sus zonas erógenas.

4. Como consecuencia de ello las mujeres desarrollan un comportamiento sexual más libre y desinhibido.

5. El resultado natural del proceso es que, en tres generaciones, las mujeres han pasado de una sexualidad concebida como débito conyugal a una sexualidad entendida como fuente de disfrute que ejercen desde la libertad.

Tal evolución se ha desarrollado dentro de un marco relacional modelado por el hombre, pero sin que *éste haya participado activamente*. Quiero decir con ello que el cambio de actitud ha sido posible gracias a que la mujer ha cuestionado los esquemas que le asignaban un papel secundario en la sociedad. Por primera vez en la historia, el hombre ha sido el sujeto pasivo y la mujer el activo, lo cual está afectando considerablemente al colectivo masculino, sobre todo a la hora de plantearse las relaciones de pareja.

Hace medio siglo, el hombre, según le habían enseñado sus mayores, tenía tendencia a diferenciar a las mujeres según su actitud ante la sexualidad. Las que eran asequibles sexualmente eran las «malas» y las otras las «buenas». La cosa resultaba fácil: la que no era de un grupo era del otro. Por tanto, unas servían para casarse y otras para disfrutar del sexo.

Pero a medida que el grupo de las «liberadas» iba creciendo, el esquema ya no resultaba funcional porque cada vez quedaban menos mujeres con las que poder formar pareja. En esa situación los hombres tuvieron que reaccionar; era necesario revisar una clasificación tan simple como dicotómica. El parámetro para establecer el concepto de honestidad ya no podía ser la accesibilidad sexual de la mujer, porque, en mayor o menor grado, casi todas estaban liberadas y algunas incluso alardeaban de ello, como hasta entonces solo se habían permitido los «machos». Fue en ese momento cuando a los hombres no les quedó más remedio que aceptar que el himen ya no podía ser el referente de la honestidad, porque las jóvenes ya no le otorgaban tal valor simbólico.

Ese cambio en el paradigma sexual tuvo lugar durante el último tercio del siglo pasado y hoy podemos decir que, aunque siga predominando un cierto machismo, el papel sexual de la mujer se ha normalizado. Por fortuna, la mayoría de parejas entienden la sexualidad como una vivencia conjunta a través de la cual se produce un placer que, a veces, sirve para discriminar según su contenido, vibración e intensidad, si eso que están viviendo es solo sexualidad o algo más pleno, sublime y mágico, digno de ser considerado *amor*.

MI TEORÍA DE LA FELICIDAD

Teniendo en cuenta todo lo que acabo de argumentar, en el año 1995 planteé en mi libro *La felicidad personal* una propuesta fundamentada en tres parámetros: *congruencia interna, realización personal* y *amor armónico*. Esa teoría de la felicidad tiene aplicación universal porque es válida para todas las personas adultas de cualquier cultura pero, evaluada en perspectiva, ha producido un resultado que presenta notables desigualdades de género en cada uno de los tres ámbitos que la componen.

En lo relativo a la congruencia interna me atrevo a decir que son más felices las mujeres que los hombres, porque llevan tres generaciones trabajando en su mejoramiento para superar la inercia sexista de predominio masculino vigente desde tiempo inmemorial. En cambio, los hombres, por regla general, han sido sujetos pasivos de la evolución femenina o se han opuesto a ella para mantener sus privilegios de género. Por decirlo en términos de congruencia interna, las mujeres llevan cincuenta años afirmándose para ganarla mientras que los hombres llevan ese mismo tiempo intentando adaptarse al cambio sin conseguirlo del todo.

En lo relativo al segundo facilitador de la felicidad también es el colectivo femenino el que manifiesta un mayor grado de realización personal tanto en el trabajo como en las aficiones y estilo de vida que la posibilitan y, si exceptuamos las quejas por la brecha salarial, son muchas las mujeres que se sienten satisfechas de los aspectos laborales y sociales que contribuyen a su felicidad, mientras que los hombres se quejan, en mayor proporción, de insatisfacción profesional y frustración personal.

Por tanto, podríamos decir que, desde una perspectiva psicosocial, las mujeres gozan de un mayor grado de felicidad que los hombres en los dos primeros facilitadores, pero esa ventaja vital queda anulada substancialmente en lo que respecta al amor armónico.

Y para que ustedes estén en condiciones de entender las razones de esa paradójica situación, quizá convenga que tengan presente el resultado de un pequeño estudio de campo que he realizado durante los últimos dos años en el contexto clínico, académico y social, en el que he pasado, a quienes querían participar en la encuesta, un cuestionario para que evaluaran si su felicidad estaba más relacionada con la realización personal o con el amor armónico, según el siguiente redactado:

Cuestionario sobre la valoración subjetiva de la felicidad

Perfil de la muestra: hombres y mujeres entre los 40 y los 60 años

DATOS DEL ENCUESTADO

Edad ……… Hombre ☐ Mujer ☐

Por favor, marque con una x cuál de los dos factores considera más importante para su felicidad:

☐ **Realización personal** (Entendiendo por tal la expresión de las propias capacidades a través del trabajo y/o las aficiones.)

☐ **Amor armónico** (Entendiendo por tal el disfrute de unas relaciones amorosas de calidad.)

Nota: Si tiene dificultades para elegir entre los dos factores, marque con una x cuál de los motivos siguientes expresa mejor su falta de respuesta:

☐ Me cuesta diferenciar cuál de los dos factores es más importante para mí.

☐ Creo que los dos factores son compatibles e igualmente importantes para mí.

Gracias por su colaboración

El cuestionario ha sido cumplimentado por 100 hombres y 100 mujeres de la ciudad de Barcelona y se han obtenido los resultados reflejados en el siguiente cuadro.

Principal facilitador de la felicidad	Hombres	Mujeres
Realización personal	31	12
Amor armónico	14	32
Me cuesta diferenciar cuál de los dos factores es más importante para mí.	8	11
Creo que los dos factores son compatibles e igualmente importantes para mí.	47	45
Totales	100	100

Figura 1. Cuadro resumen de los resultados de la encuesta sobre la valoración subjetiva de la felicidad.

Aunque está claro que la muestra no es estadísticamente representativa, creo que, a los efectos que me interesa resaltar sobre las prioridades felicitarias de ambos sexos, los resultados están en la misma línea de otros estudios de campo realizados al respecto y sintonizan con los datos que yo he obtenido a partir de la publicación de mi teoría de la felicidad. Por tanto, creo que estoy en condiciones de ofrecerles las siguientes conclusiones:

1. Todavía es mayor el porcentaje de hombres que consideran más importante la realización personal que el amor armónico.

2. Disminuye con respecto a generaciones anteriores, pero el número de mujeres que consideran más importante el amor armónico que la realización personal es más del doble que el de hombres.

3. Por suerte para ambos sexos se está igualando el porcentaje de hombres y mujeres que consideran deseable compatibilizar ambos factores.

4. Por tanto, y de acuerdo con la tendencia observada, quizá sea posible que, en un futuro más o menos cercano, la mayoría de las personas de ambos sexos consideren que las dos fuentes de la felicidad deben ser compatibles.

Bien, después de estas conclusiones esperanzadoras sobre la evolución de las preferencias de hombres y mujeres sobre los facilitadores de la felicidad, que harán posible un futuro sintónico, ya estamos en disposición de retomar el tema donde lo habíamos dejado cuando he dicho que las ventajas de las mujeres, en relación a su valoración felicitaria en congruencia y realización personal, quedaba anulada en el ámbito del amor armónico.

La diferencia se explica porque todavía es más del doble el número de hombres que de mujeres que priorizan la realización personal, y es infinitamente mayor el grado de insatisfacción amorosa que las mujeres declaran. Pero junto a estos datos de origen sociológico, hay también cuestiones más complejas, relacionadas con la psicología evolutiva de ambos sexos, que ayudan a entender esas preferencias tan dispares. Y para explicarlas de forma fácilmente comprensible utilizaré –como punto de partida– la conocida pirámide de necesidades de Abraham Maslow.

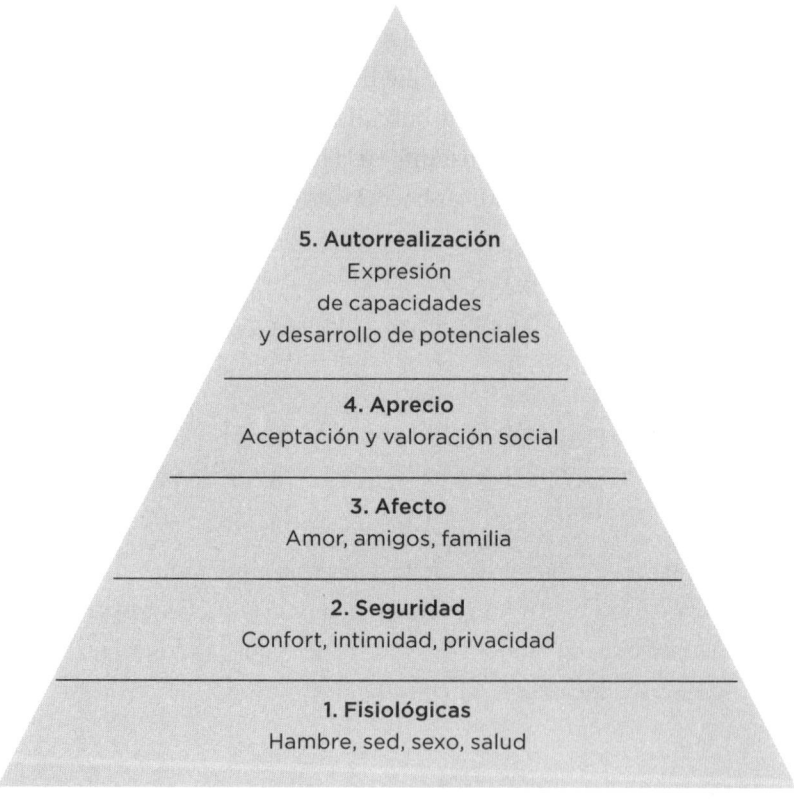

Figura 2. Pirámide de necesidades de Maslow.

Según la jerarquía establecida por Maslow, todos necesitamos cubrir unas determinadas necesidades fisiológicas elementales, y a medida que van quedando satisfechas surge la demanda de ir cubriendo otras más sofisticadas. Con razón decía mi abuela que «cuando el hambre entra por la puerta el amor sale por la ventana». Solo tenemos hambre de amor cuando está satisfecho el de la comida, y como en nuestra sociedad, aunque siguen habiendo enormes desigualdades de renta, gran parte de la población disfruta de un bienestar suficiente en los dos primeros estadios de la jerarquía, es natural que el amor se haya convertido en una aspiración básica que todo el mundo desea satisfacer pero que no todas las personas encuentran la manera de hacerlo con eficacia.

¿Qué tiene que ver todo lo que acabo de decir con las prioridades felicitarias entre hombres y mujeres a las que me estaba refiriendo? Pues muy sencillo, y por decirlo de forma breve, los hombres asocian en mayor proporción el amor al primer nivel de necesidades, mientras que las mujeres lo asocian en mayor medida al tercero, y esa confusión de expectativas entre hombres que buscan sexo y mujeres que esperan encontrar amor ha sido una constante en la historia de la Humanidad que estamos empezando a clarificar hace apenas medio siglo. Por eso, no es extraño que, desde una perspectiva psicoevolutiva, los hombres no estén en condiciones de satisfacer las necesidades de las mujeres evolucionadas y estas tengan que lamentar la falta de hombres adecuados para ellas. Y las que sufren en mayor medida esa casuística son precisamente las que pertenecen a la generación que más ha luchado para combatir el sexismo.

LA GENERACIÓN X Y EL DESENCUENTRO AMOROSO

> *El amor es el intercambio de dos fantasías*
> *y el contacto de dos egoísmos.*
> Paul Auguez

Tienen entre 40 y 60 años de edad y por regla general disfrutan de un mayor bienestar económico y nivel cultural que sus padres. Nacieron en los últimos años de la dictadura o en los primeros de la democracia y eso agudizó su percepción de que estaban asistiendo a una serie de cambios políticos y sociales que afectarían para siempre a sus costumbres y valores personales. En 1981 se aprobó la ley del divorcio, en 2005 la del matrimonio homosexual y entre 2000 y 2005 las distintas leyes autonómicas sobre las parejas de hecho. Resumiendo, en España durante cuarenta años las personas podían casarse pero tenían prohibido descasarse, y la generación X vivió en toda su intensidad la liberación del yugo matrimonial con jubilosa alegría, aunque para muchas parejas tuvo unas consecuencias que todavía están pagando en forma de desconcierto amoroso.

Padres con hijos de dos o tres parejas que no siempre se relacionan entre ellos, infidelidad más o menos recurrente, insatisfacción matrimonial y frustración sentimental son constantes de una realidad que afecta a una parte relevante de los miembros de una generación que está asumiendo los costes de los cambios sociales que protagonizaron en su juventud. Unos cambios tan radicales que difícilmente pueden asimilarse sin pagar –por ellos– un tributo emocional.

Las consecuencias actuales de ese periodo de transición democrática, que en términos psicológicos significó el fin de la represión y el principio de la libertad, generó a su vez el efecto indeseable de uno de los problemas que quiero tratar en este libro: la repercusión que esa naciente libertad tuvo en el modelo de relaciones de género y cómo ese cambio está afectando a los jóvenes de entonces que son los adultos de ahora.

Evidentemente las libertades formales ayudan a desarrollar las personales y eso es lo que les ocurrió a las mujeres de la generación X. Se incorporaron de forma masiva al trabajo, se inscribieron en la Universidad y practicaron mayoritariamente una sexualidad disociada del matrimonio y exenta de prejuicios. Y lo hicieron tan bien que ahora muchas de ellas se encuentran en una buena posición económica, y desarrollan funciones profesionales relevantes y con un alto grado de realización personal. Pero como en lo tocante a la felicidad de las mujeres siempre hay algo relacionado con los hombres que la dificulta, resulta que muchas de las que han alcanzado la excelencia cultural, profesional y económica están pagando con soledad amorosa su progresión personal.

¿Por qué se da ese curioso fenómeno?, ¿por qué las mujeres más evolucionadas están más solas? Evidentemente no quiero cometer el error de dar una respuesta generalista a una cuestión que depende de infinitas variables personales. Pero, a grandes rasgos y desde un punto de vista psicoevolutivo, me atrevo a decir que las razones básicas son dos. Una es la principal y la otra se desprende de la primera, aunque ambas se manifiestan juntas y se influyen recíprocamente.

La primera y más profunda está anclada en la filogenia de la especie humana y ha prevalecido entre nosotros desde hace medio millón de años. Se trata de la repercusión relacional de aquello que los hombres tienen superior a las mujeres por dotación genética: la fuerza muscular. Sobre esa diferencia ha fundamentado el hombre sus cinco mil siglos de un predominio que solo se ha atenuado hace cincuenta años, cuando el desarrollo de las leyes y normas de nuestro actual modelo de sociedad ha hecho que las posibilidades de supervivencia dependan más de la inteligencia social que de la fuerza bruta.

Traduciendo todo ese largo proceso evolutivo a los mecanismos psicológicos que permiten que las mujeres se enamoren de los hombres, podríamos establecer la siguiente lectura antropológica: secularmente la mujer se ha subordinado al hombre fuerte y poderoso porque eso le generaba mayores posibilidades de subsistencia. Pero en la actualidad, y desde que las mujeres han desarrollado su propio potencial, ya no necesitan un macho protector aunque siguen valorando el correlato de aquella necesidad primaria que, con los siglos, se ha convertido en admiración.

Dicho de forma más simple, estoy afirmando que los efectos de tantos siglos de civilización machista se han ido diluyendo hasta quedar transformados en la variable más relevante que diferencia a los hombres de las mujeres a la hora de enamorarse: la admiración. Por decirlo de forma más gráfica y contrastada me atrevo a plantear una hipótesis que explica, en gran medida, el actual desconcierto amoroso:

> Mientras que las mujeres necesitan admirar a un hombre para enamorarse de él, los hombres prefieren establecer relaciones cómodas con mujeres atractivas que les admiren a ellos.

Junto a esta primera gran causa que limita a las mejores mujeres la posibilidad de encontrar hombres adecuados para ellas, hay una *segunda* que es la consecuencia del desarrollo de la hipótesis principal, porque si aceptamos que los hombres prefieren ser admirados que admirar y las mujeres necesitan encontrar hombres admirables, está claro que eso crea una situación social en especial injusta para las mujeres, pero fácilmente reconocida y reconocible para ambos sexos según la cual:

> Los hombres admirables tienen muchas posibilidades de encontrar mujeres que quieran estar con ellos, mientras que las mujeres admirables ven disminuidas sus posibilidades de encontrar parejas adecuadas por una doble causa. La primera es que cuanto más admirables son ellas más difícil les resulta que un hombre despierte su admiración. Y la segunda es que la muestra de hombres admirables dispuestos a estar con ellas es inferior al número de mujeres admirables.

Resumiendo, y aunque el planteamiento resulte políticamente incorrecto, lo que estoy diciendo es que el estado amoroso de los componentes de la generación X es el siguiente:

> Donde las mejores mujeres encuentran dificultades, los mejores hombres encuentran facilidades.

Esa es la actual y paradójica realidad a la que me refiero en *El nuevo arte de enamorar* cuando digo que «los hombres que enamoran son los hombres que se mejoran», pero me pregunto –a la vez– las razones por las cuales, en el caso de las mujeres, es más frecuente que ocurra lo contrario. De hecho, las consecuencias de esa desproporción entre las posibilidades amorosas de uno y otro sexo son tan injustas que se puede afirmar que *mientras que los hombres reciben un premio por su evolución, las mujeres ven limitadas sus posibilidades a medida que evolucionan.*

Naturalmente esa realidad permite múltiples matizaciones, pero casi todas siguen perjudicando a las mujeres. Y no me refiero solo al estado emocional en el que se encuentran los integrantes de la generación X de nuestro país, sino que también es aplicable a sus coetáneos de todas las zonas del mundo donde impera el estilo de vida occidental. Por decirlo en clave sociológica, la situación que estoy denunciando se da en todos los lugares donde los hombres y las mujeres comparten un régimen laboral de economía de mercado que les hace potenciales competidores, mientras que, al mismo tiempo, se les pide o se espera de ellos que convivan en amor armónico.

Conjugar variables tan distintas es una tarea solo asequible a una sociedad de personas sabias, y como la nuestra dista mucho de haber alcanzado ese estatus, supongo que no les sorprenderá que vuelva a calificar el estado actual de las relaciones de pareja como las de *un conjunto de hombres desorientados que deben interactuar con un conjunto de mujeres decepcionadas.*

Tal es la situación y ese es el reto. ¿Qué pueden hacer las personas que viven esa realidad para remediarla? ¿Qué podemos hacer los psicólogos y terapeutas de pareja para ayudarles en ese cometido? De momento, para responder a esa doble pregunta, voy a plantear la problemática amorosa del colectivo de los hombres de la generación X, desde la autoridad que pueda otorgarme mi pertenencia al colectivo de padres que tuvo la responsabilidad de educarlos; aunque, vistos los resultados, no sé hasta qué punto lo hicimos correctamente.

LOS HOMBRES DESORIENTADOS

Que los hombres de mediana edad están mayoritariamente desorientados en el ámbito amoroso es una realidad tan evidente que no hace falta razonarla para aceptarla, aunque es necesario comprenderla para resolverla. A mi juicio, y para resumir el origen del problema, creo que las causas han sido dos y ambas son debidas a la evolución de las mujeres:

1. Rechazo del modelo de relación tradicional hombre dominante/mujer dominada.
2. Ejercicio de una sexualidad libre sin que la maternidad dependa del azar ni de la voluntad de los hombres.

No es extraño por tanto, que la reconversión de un modelo en el que los hombres, por el mero hecho de serlo, ejercían un papel dominante, hacia otro, en el que la mujer actúa con plena autonomía sin someterse al poder masculino, haya dejado a tantos hombres con un doble reto que asumir: la pérdida del poder ancestral que habían disfrutado y la aceptación del poder emergente de unas mujeres que ejercen su libertad y conquistan el protagonismo social.

Por decirlo en pocas palabras, fueron demasiados cambios para asimilarlos en tan poco tiempo, y los jóvenes de la generación X todavía están intentando digerir lo ocurrido con mayor o menor fortuna y con desigual resultado. Por suerte, como muchos de los hombres que atiendo en mi consulta o participan en mis talleres pertenecen a esa generación, soy un espectador privilegiado del trabajo que están haciendo para evolucionar y un notario riguroso de cómo, cada uno de ellos, intenta gestionar una situación que no ha creado pero que le afecta directamente.

En defensa de esos hombres desorientados y antes de explicar lo que sé de ellos, de una forma que resulte útil para todos, quiero dejar patente que desde que publiqué *Peter Pan puede crecer* en el año 2010, cerca de doscientos hombres han pasado por mi consulta porque se sentían identificados con el perfil y querían cambiar su forma de afrontar la realidad. Por tanto, todo lo que voy a decir sobre ellos no debe interpretarse como una crítica a su estado, sino como una propuesta para ayudarles. Y en ese sentido lo primero que puede resultarles de utilidad es ajustar las fechas y concretar los datos.

La información que voy a facilitarles ha sido recogida durante el período 2010-2018 y tienen como base dos fuentes de información:

1. Clientes que por iniciativa propia se han sometido a terapia por considerarse inmaduros o por sentirse identificados con el perfil de hombre Peter Pan.
2. Hombres que se han sometido a terapia por recomendación o sugerencia de su pareja.

De todo lo oído y hablado con ellos, he ido tomando notas y reflexionando lo suficiente como para estar en condiciones de elaborar un perfil general de sus principales rasgos y de la evolución que han tenido, desde la posición inicial de hombres desorientados, hacia dos perfiles divergentes que he denominado respectivamente *hombres en progresión* y *hombres en regresión*.

Tal como acabo de definir el estado en que se encuentran un porcentaje importante de los hombres de la generación X, supongo que no les sorprenderá que afirme que la mayoría de ellos no saben cómo relacionarse cómodamente con las mujeres. Al fin y al cabo sus abuelos disfrutaban de un modelo injusto pero claro y sus padres podían presumir de haber «participado» en el cambio aunque la mayoría lo hicieron como meros espectadores. Pero ellos, por decirlo de forma corta y gráfica, son la primera generación que está sufriendo las consecuencias del cambio sin encontrar el recambio. Saben que lo viejo no volverá pero por desgracia no han sabido crear algo nuevo. Saben que las mujeres quieren relaciones simétricas e igualitarias pero a la vez ellas mismas reconocen que para enamorarse de un hombre necesitan admirarle y ese es en el fondo el origen del problema.

La mujer moderna quiere la igualdad pero su parte ancestral todavía necesita la versión «actual» de la protección, o sea la admiración. Planteando esa disarmonía en términos psicoevolutivos, lo que estoy diciendo es que los espectaculares cambios que se han producido en el modelo de relaciones de género todavía no han calado en el sustrato emocional del colectivo masculino ni del femenino. Los hombres entienden y defienden de forma racional que las relaciones de género deben basarse en el respeto mutuo y la igualdad, pero su inconsciente colectivo todavía está lastrado por el modelo hombre dominante-mujer subordinada, que es el que ha imperado en la historia de la Humanidad.

El hombre prefiere ser admirado que admirar y por eso las mujeres admirables encuentran pocos hombres preparados psicológicamente para poder admirarlas. Y para hacer todavía más profunda la sima emocional que separa a los dos sexos, diría que ese pequeño grupo de hombres capaces de admirar a las mujeres, que yo situaría alrededor del 20%, no se hacen –por ello– más deseables como sujetos eróticos o amorosos, lo cual se traduce en la causa principal de un desencuentro que me permito enunciar de la siguiente manera:

1. La mayor disposición femenina a admirar al hombre facilita el enamoramiento recíproco porque el hombre prefiere ser admirado que admirar.

2. En cambio, la admiración masculina hacia la mujer dificulta el enamoramiento recíproco por dos razones igualmente importantes. La primera es consecuencia del punto 1. Y la segunda, es que las propias mujeres sufren los efectos de su disonancia emocional y por regla general les resulta difícil enamorarse de los pocos hombres que las admiran porque no pueden superar los residuos sexistas de su propia necesidad admirativa.

En definitiva y como conclusión, nos encontramos con un problema de solución poco conciliable porque ni la mayoría de los hombres están preparados para enamorarse de mujeres admirables, ni la mayoría de las mujeres admirables aceptan a hombres a los que no admiran, lo cual limita sus posibilidades de encontrar parejas adecuadas, por dos razones difíciles de resolver a corto plazo. La primera es simplemente estadística: *hay más mujeres admirables que hombres dispuestos a estar con ellas.* Y la segunda es de orden sentimental y está relacionada con su expectativa sobre la calidad que debe poseer una relación amorosa para considerarla válida, que suele ser superior a la que tienen los hombres. Hasta tal punto es así que, como digo en *Amor al segundo intento*, «los hombres mientras no estén mal ya están bien, en cambio las mujeres si no están bien ya están mal».

Esa sintética descripción del distinto nivel de expectativa y exigencia con respecto al sentimiento amoroso, que caracteriza a ambos sexos, explica perfectamente porque es tan alto el número de hombres desorientados y tan grande el porcentaje de mujeres decepcionadas. Pero como toda generalización ayuda a entender pero no ayuda a resolver, y lo que a mí me interesa es contribuir a lo segundo, me apresuro a puntualizar que ni todos los hombres están desorientados, ni todos los que lo están lo están en la misma proporción y tendencia evolutiva.

Para concretar en mayor medida los matices diferenciadores que se dan en ese sentido, les paso la información que he recopilado sobre la evolución de 180 hombres que, con distinto grado de peterpanismo, han tenido la amabilidad de colaborar conmigo para que pueda ofrecerles los siguientes datos:

- 48 han evolucionado hacia la madurez.
- 132 se encuentran desorientados en distinto grado y medida, observándose dentro del grupo dos tendencias evolutivas contrapuestas: los hombres en *progresión* y los hombres en *regresión*.

El resultado de la trayectoria observada en estos últimos durante el proceso de apoyo o consejo psicológico ha sido el siguiente:

- 39 siguen desorientados.
- 62 están en progresión.
- 31 están en regresión.

Naturalmente estos datos han sido obtenidos en un contexto terapéutico que propicia la mejora de los implicados y quizá no sean representativos del estado general del colectivo de hombres Peter Pan, pero la información que aporto permite deducir que las relaciones de género serán más simétricas y enriquecedoras en el futuro, puesto que entre los hombres que han evolucionado hacia la madurez y los que se encuentran en tránsito suman más del 60% del total.

Espero y deseo que ese proceso mayoritario de evolución positiva que yo he podido constatar empíricamente sirva para que los razonamientos que estoy exponiendo favorezcan el cambio de quien los lea. Por eso quiero dedicar a todo el colectivo masculino en general y a los miembros de la generación X en particular el próximo capítulo, a la espera de que su contenido les ayude a orientarse en la dirección adecuada.

LOS HOMBRES
EN PROGRESIÓN

Las mujeres pueden transformar el embrión en niño,
pero solo los hombres pueden transformar al niño en hombre.
Robert Bly

Sus padres intentaron educarlos en un modelo de igualdad de género y si tenían hermanas compartían con ellas tareas, juegos y juguetes que no se adjudicaban por su identidad sexual sino por su preferencia lúdica. En ese ambiente se empezaron a criar una parte de los niños nacidos durante las décadas de 1970 y 1980 que hoy son la avanzadilla de los hombres en evolución, porque sus progenitores supieron enseñarles el camino predicando con el ejemplo. Por eso, vieron que sus padres servían para algo más que para cambiar bombillas y asistieron a un reparto de tareas domésticas que si bien no era simétrico, tampoco era estrictamente sexista, porque las funciones de lavar, limpiar y planchar se repartían de forma más o menos equitativa, según las habilidades y disposiciones personales.

Claro que eso entonces no ocurría en la mayoría de los hogares sino en apenas una quinta parte que, *grosso modo*, se corresponde con el porcentaje de hombres evolucionados que he mencionado al introducir el tema de la desorientación masculina. Por tanto, con respecto a los hombres evolucionados poco que añadir, excepto felicitarles y recordar, a todos los demás, que el modelo educacional de los padres no se convierte automáticamente en el modelo de comportamiento de los hijos, sino que cada cual puede educarse o reeducarse a sí mismo porque la identificación parental puede ser activa, reactiva o selectiva.

Ojalá todos tuviéramos la capacidad de incorporar a nuestra conducta lo mejor de cada una de las personas que han intervenido en nuestra educación; pero, desafortunadamente, no siempre es así y en muchas ocasiones los jóvenes se dejan llevar por los modelos más permisivos en lugar de optar por los que pueden favorecer un desarrollo armónico de su personalidad. En definitiva, lo que quiero decir es que el machismo es denostado culturalmente pero no está superado socialmente y sigue condicionando, en mayor o menor medida, al conjunto de nuestra civilización.

Esa es la razón por la cual los hombres en progresión siempre deben estar en alerta. Una alerta exterior para no dejarse vencer por el peso de la tradición sexista y una alerta interior para diferenciar lo placentero de lo correcto. En otras palabras, los hombres en progresión lo están porque han sido capaces de discriminar entre los buenos y malos ejemplos de sus mayores y han optado por lo que mejor les convenía para mejorarse, lo que es, dicho sea de paso, una capacidad común a todos los humanos que no siempre sabemos desarrollar. Por eso, la minoría que ya lo ha conseguido forma el selecto colectivo de hombres autorrealizados capaces de interesar a todo tipo de mujeres, aunque por desgracia su número no es suficiente para que todas las mujeres evolucionadas puedan encontrar parejas adecuadas.

Así que, para que cunda el ejemplo y se generalice el perfil, voy a describir cómo son esos hombres autorrealizados que cuando alcanzan la excelencia se convierten en personas capaces de seducir a las mujeres sin daños y sin engaños. Para ello, me apoyaré en los trabajos de una de las figuras de la psicología que más profundamente estudió los mecanismos psicológicos que favorecen la maduración personal. Se trata del creador de la psicología humanista y relevante pensador del siglo XX Abraham Maslow (1908-1970), cuya obra literaria deberían tener más en cuenta los pensadores del presente. Quien desee conocer su teoría sobre la salud holística puede empezar por repasar la pirámide de la figura 2 y leer *El hombre autorrealizado*, pero a los efectos que nos interesa, en relación a los hombres en progresión, veamos qué decía Maslow sobre la excelencia humana:

> Entre las características susceptibles de ser descritas y cuantificadas objetivamente de los ejemplares humanos saludables están:
>
> - Una percepción más clara y eficiente de la realidad.
> - Mayor apertura a la experiencia.
> - Mayor integración, cohesión y unidad de la persona.
> - Mayor espontaneidad y expresividad, pleno funcionamiento, vitalidad.
> - Un yo real; una identidad firme; autonomía, unicidad.
> - Mayor objetividad, independencia, trascendencia del yo.
> - Recuperación de la creatividad.
> - Capacidad de fusión de lo concreto y lo abstracto.
> - Estructura de carácter democrática.
> - Capacidad amorosa.
>
> *El hombre autorrealizado*, A. Maslow

Espero que la descripción les sirva para orientarse hacia la superación personal, pero tampoco es necesario que se comparen con el perfil porque entonces podría ocurrirles lo que le ocurrió a su creador, que, después de tantos años diseñando el modelo del hombre autorrealizado no encontró a nadie que se ajustara a sus parámetros porque el modelo era tan exigente que lo hacía inasequible. Por eso les sugiero que tomen el perfil como camino y no como meta, porque de la misma manera que defiendo que mejorar ayuda a enamorar también afirmo que si alguien alcanzara la perfección, más que facilitar su éxito amoroso lo estaría imposibilitando, ya que ni esa persona sintonizaría con la mayoría, ni la mayoría sintonizaría con ella. Esa es la razón por la cual no defiendo la perfección sino un modelo de perfeccionamiento que nos armonice con nuestros semejantes gracias al desarrollo de nuestras virtudes.

Así empiezan a ser ya, y serán cada vez más en el futuro, los hombres que encarnan una nueva categoría de seductores a los que me he permitido tipificar como «nuevos» (en el más amplio sentido de la palabra) puesto que antes no existían y además forman la avanzadilla de una nueva cultura de la seducción.

Cada vez son más pero todavía son pocos. Cada vez son mejores pero aún no lo suficiente para que la supermujer pueda sentirse ampliamente satisfecha de la calidad de su relación amorosa. ¿Cómo son los nuevos seductores o cómo deberían ser los hombres para convertirse en tales? Ese es el tema que toca desarrollar en el próximo apartado y espero que su contenido ayude a clarificar el futuro amoroso de las jóvenes generaciones del presente.

LOS NUEVOS SEDUCTORES

Hablo de ellos en varios de mis libros, pero sobre todo en *El nuevo arte de enamorar*, porque allí, más que en cualquier otro lugar, me dirijo directamente a los hombres y mujeres que se hicieron mayores de edad al entrar en el tercer milenio y están comprobando ahora que el descontento amoroso que vivieron en su juventud se ha ido agudizando con los años hasta un punto tal que me atrevo a decir que el sufrimiento amoroso se han convertido, en la actualidad, en una de las principales causas de la infelicidad.

Amores que llegan pero que no se quedan, amores que se quedan pero no funcionan y amores que funcionan… pero que se van. Nuestro modelo social es tan complejo que su dinámica global ha hecho más evidente que nunca la dificultad de conciliar nuestro origen animal con nuestra condición de personas civilizadas. Y esa armonización tiene un coste que no todo el mundo asume con igual fortuna. Por eso estamos en constante contradicción entre lo que desea el instinto y aconseja la razón, y esa ambivalencia esencial solo puede resolverse si la persona aprende a armonizar lo que le gusta con lo que le conviene y sus aspiraciones con sus posibilidades. El problema es que esa doble conciliación solo es asequible para un pequeño porcentaje de personas que han sabido vivir y aprender de lo vivido durante el tiempo suficiente como para alcanzar el estatus de personas maduras.

Ese es el reto de los nuevos seductores, entender que aprender de lo vivido ayuda a vivir mejor y que para madurar necesitan, como veremos en las figuras 3 y 4, un periodo de unos veinte años de malos momentos bien asimilados. Lo cual quiere decir que es necesario que ocurran cosas «malas» de las cuales puedan extraerse «buenas» lecciones vitales.

Para que quede clara esta cuestión he preparado el cuadro sinóptico de la figura 3 en el que se ve perfectamente reflejada la evolución de las personas en función de cómo van viviendo y asimilando su biografía.

PROCESO DE MADURACIÓN PERSONAL

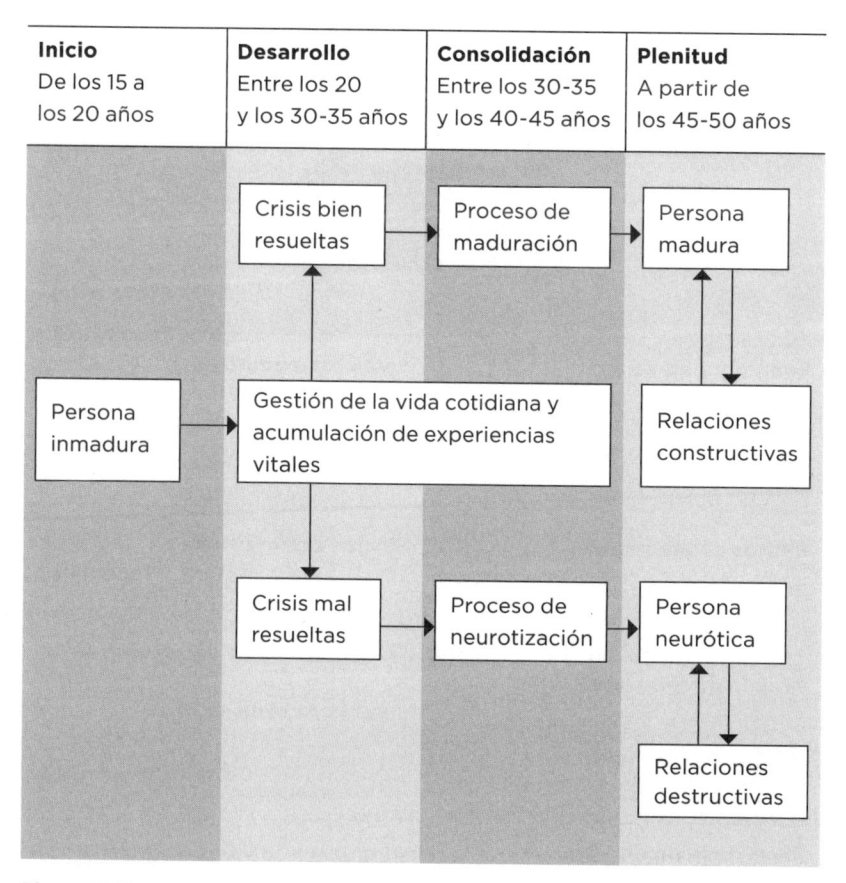

Inicio	**Desarrollo**	**Consolidación**	**Plenitud**
De los 15 a los 20 años	Entre los 20 y los 30-35 años	Entre los 30-35 y los 40-45 años	A partir de los 45-50 años

	Crisis bien resueltas →	Proceso de maduración →	Persona madura
Persona inmadura	Gestión de la vida cotidiana y acumulación de experiencias vitales		Relaciones constructivas
	Crisis mal resueltas →	Proceso de neurotización →	Persona neurótica
			Relaciones destructivas

Figura 3. Esquema de la evolución de la persona hacia la madurez o hacia la neurosis.

Supongo que el cuadro deja clara la idea que pretendo trasladar: de jóvenes todos somos inmaduros y luego, a medida que vamos gestionando bien o mal nuestra realidad, vamos madurando o nos vamos neurotizando.

JOVEN SEDUCTOR
Edad 20-30 años

Rasgos básicos

- **Atractivo físico:** Suficiente para gustar
- **Inteligencia:** Suficiente para interesar
- **Simpatía:** Suficiente para no aburrir
- **Mundología:** Incipiente y en evolución
- **Seguridad:** Incipiente y en evolución

EVOLUCIÓN NEGATIVA ⟵ Gestión de la realidad. Proceso de aprendizaje vital (dura entre 20 y 30 años) ⟶ **EVOLUCIÓN POSITIVA**

Seductor neurotizado (Edad entre 40 y 60 años)	Seductor maduro («Nuevo seductor») (A partir de los 50 años)
Rasgos característicos • Mundología exhibicionista • Seguridad precaria **Modelo de seducción** • Asimétrico y con exhibición de rasgos básicos • Seduce porque impresiona **Clave de relación amorosa** • Pide más de lo que aporta • Tendencia a la infidelidad	**Rasgos característicos** • Mundología adaptativa • Seguridad orientada hacia la madurez **Modelo de seducción** • Simétrico y con expresión adaptativa de los rasgos básicos • Seduce porque no engaña **Clave de relación amorosa** • Aporta más de lo que pide • Tendencia a la fidelidad

Figura 4. Cuadro comparativo de evolución contrapuesta del joven seductor.

Esa es la razón por la cual los nuevos seductores nunca pueden ser hombres jóvenes, aunque estos puedan ser buenos seductores. Para no crear confusión al respecto y para facilitar que ambos sexos aprendan a diferenciar los dos perfiles en su propio beneficio, en la figura 4 he mostrado cuáles son los rasgos comunes y cuáles los diferenciales y he descrito al seductor que conviene evitar, tomando como base mi teoría de la maduración personal.

De acuerdo con lo dicho, el hombre solo puede ser un «nuevo» seductor cuando cruza la barrera de los cincuenta años. Quizá dentro de tres o cuatro generaciones, si el sexismo es menor y el humanismo mayor, podrá ser distinto; pero hoy por hoy los nuevos seductores difícilmente pueden ser hombres jóvenes por la sencilla razón de que no han vivido lo suficiente para alcanzar la madurez necesaria. De hecho solo pueden lograr ese rango los hombres «maduros» en el doble sentido de la palabra. Maduros de edad y maduros psicológicamente porque, como he señalado en la figura 3, todos entramos en la juventud siendo inmaduros y después, según gestionamos nuestra realidad, nos vamos orientando progresivamente hacia la madurez o hacia la neurosis. Si aprendemos de lo que nos ocurre y positivamos la adversidad, a los cincuenta años podemos alcanzar un grado de madurez que nos convertirá en nuevos seductores capaces de mantener relaciones amorosas constructivas. Pero, si en lugar de aprender de lo que nos ocurre culpabilizamos a los demás de nuestro infortunio, entonces en lugar de madurar corremos el riesgo de neurotizarnos y convertirnos en agentes activos de relaciones amorosas destructivas.

Esa es la razón por la cual conviene que las personas se arriesguen a fracasar, porque solo en el fracaso bien asimilado se encuentra la semilla del éxito. Los nuevos seductores no nacen por generación espontánea sino por *regeneración evolutiva* gracias a un proceso de autocrítica y mejoramiento de larga duración. El método para lograrlo está desarrollado en otros libros míos y volveré a hablar de él en el capítulo 8, de momento lo que procede es que quede claro cuáles son los rasgos de esos hombres que gracias a su esfuerzo y voluntad han sido capaces de criticarse para mejorarse y han logrado neutralizar los atavismos sexistas heredados de sus ancestros.

Visto su perfil en la figura 4 y para definir adecuadamente al seductor maduro, voy a utilizar tanto la información de los estudios de campo que realicé para mi libro *El nuevo arte de enamorar*, como los comentarios de los cientos de mujeres que han acudido a mi consulta reclamando algo que no debería ser tan difícil de encontrar; porque, resumiendo todas sus demandas, solo piden que sean *cariñosos, maduros, comprensivos* y *amables*. En teoría parece que sus expectativas no son excesivas y que reunir esos cuatro requisitos debería estar al alcance de suficientes hombres como para que el número de mujeres decepcionadas no fuera tan elevado.

Pero como la utilidad de un planteamiento no depende de que sea posible en la teoría sino de que sea factible en la práctica, resulta que esas características no son fácilmente asequibles por razones que serán fácilmente entendibles, tan pronto explique la significación de los cuatro conceptos desde un punto de vista de la psicología masculina.

Cariñoso: Según el diccionario el concepto se asocia a ser tierno, acariciador y mimoso, lo cual, en la cultura que ha predominado durante medio millón de años, era un perfil propio de la mujer-madre y no del hombre-macho. Por eso los hombres no están entrenados para ser cariñosos excepto en los rituales de cortejo sexual. Esa falta de afectividad es la que ha creado un grave contencioso en las relaciones amorosas puesto que, según un criterio muy extendido entre las mujeres, «ellos solo saben ser cariñosos para obtener sexo», mientras que lo que ellas prefieren es recibir previamente ese cariño para mejorar su disposición sexual.

Maduro: Es el rasgo más demandado por las mujeres en el perfil ideal del nuevo seductor y el que hizo que escribiera *Peter Pan puede crecer*. Por fortuna para ellos y para sus parejas, desde entonces ya he dicho que han sido muchos los hombres que han solicitado terapia porque se han identificado con los rasgos de Peter Pan que serán debidamente explicados en el próximo capítulo. De momento, quedémonos con la idea de que los hombres maduran menos que las mujeres y –por término medio– una década después. Para no extenderme sobre las razones de esa diferencia me limitaré a citar las tres principales:

1. La mayor capacidad de resistencia al dolor y a la frustración desarrollada como consecuencia de su condición de procreadoras y educadoras de sus hijos.

2. La mayor responsabilidad y dedicación que siguen desarrollando en la educación de los hijos y las tareas del hogar.

3. El esfuerzo realizado, durante las tres últimas generaciones, para superar su subordinación al poder masculino.

Por tanto y como ya he argumentado que la madurez personal se fundamenta en el sufrimiento bien asimilado, es evidente que las mujeres han tenido secularmente muchas más ocasiones de positivar la adversidad porque su función social ha implicado mayores sacrificios. Esa es la razón por la cual, desde un punto de vista estrictamente estadístico, es imposible que exista suficiente número de hombres maduros para todas las mujeres evolucionadas que esperan encontrar ese requisito en sus parejas.

Comprensivo: El hombre puede comprender desde la razón y la mujer espera ser comprendida también desde el sentimiento. Por eso el hombre le pide a la mujer que se explique y la mujer le contesta que «hay cosas que deben entenderse sin explicarse». Ahí tenemos el gran contencioso en el esquema de comunicación entre hombres y mujeres. El hombre hace un enfoque predominantemente racional y las mujeres esperan un esquema más emocional. El hombre necesita entender para comprender y la mujer, más partidaria de Pascal que de Descartes, afirma que «el corazón tiene razones que la razón no comprende».

En definitiva y para concretar las diferencias que existen entre la psicología femenina y la masculina, en relación a las razones y sinrazones del amor, podríamos decir que:

> La mujer tiende a amar cuando se siente comprendida y el hombre deja de amar cuando no comprende.

Pero como también es cierto que ambos sexos son más comprensivos cuando aumentan su madurez, les propongo que acepten la idea de que los hombres más maduros son a la vez más comprensivos y cariñosos porque se vuelven más empáticos y que, cuando llegan a ser más empáticos, desarrollan también de forma natural el cuarto rasgo que las mujeres esperan encontrar en los hombres.

Amable: Si tuviera que categorizar la dificultad de desarrollar las cuatro facultades que nos hacen queribles, diría que ser amable es la que requiere más tiempo pero menos esfuerzo, porque es la consecuencia natural del proceso de maduración personal. Es muy difícil que un hombre maduro no sea «amable» en el más amplio sentido del concepto, o sea aquel que le hace digno de ser amado porque se dota de una capacidad de comportarse de forma afable, considerada y diligente.

Desde un punto de vista de la dinámica psicológica que posibilita la amabilidad podríamos decir que madurar es el medio y la amabilidad la consecuencia. De hecho, tanto la facultad de comprender como la de ser amable se desarrollan de forma implícita en el largo proceso del aprendizaje vital descrito en la figura 4. Por tanto, más que tratarse de una actitud a adoptar es un beneficio esencial del trabajo que debe hacer todo hombre para hacerse querible, que no es otro que el de implicarse en su propio proceso de mejoramiento personal. Quien lo hace no solo se siente más seguro, autorrealizado y feliz, sino que queda preparado para enamorar a las mujeres porque primero ha sido capaz de convertirse en una persona mejor para sí misma.

El problema es que ese proceso de mejoramiento personal, que puede convertir a los jóvenes seductores de hoy en los nuevos y maduros seductores del mañana, requiere una capacidad de autocrítica que no todos los hombres están dispuestos a activar, aunque todos posean la facultad de hacerlo, porque como suelen decir quienes adoptan actitudes de resistencia al cambio: «Cada uno es como es y no se puede cambiar». Y en ese sentido –quienes así se expresan– tienen razón, puesto que al pensar que el cambio no es posible, lo imposibilitan en origen y corren el riesgo de entrar en regresión.

4

LOS HOMBRES EN REGRESIÓN

El hombre que no ha pasado por el infierno de las pasiones nunca las superará.
Carl Jung

Quizá la palabra «regresión» es la que expresa más fielmente el proceso psicológico que intento definir. Regresar significa volver al punto de partida o al lugar de origen y eso es lo que hacen los hombres en regresión. Como no se sienten cómodos en un presente donde cada vez hay más mujeres evolucionadas que reclaman relaciones menos sexistas, y ellos no han sabido adaptarse a ese modelo más igualitario, sufren un impacto en su autoestima que deteriora su seguridad y, en lugar de aceptar la emancipación de la mujer y evolucionar, optan por refugiarse en los valores sociales tradicionales que defendían el modelo hombre dominante-mujer subordinada.

El problema es que utilizar ese recurso ya no resulta operativo por la sencilla razón de que por esa vía no encontrarán suficientes mujeres disponibles. Por decirlo de forma más clara y en términos estadísticos, las mujeres dispuestas a aceptar el esquema sexista apenas alcanza el 10%. Por tanto, más de la mitad de los hombres que optan por la regresión verán que en su refugio no hay mujeres y entonces deberán decidir si ha llegado la hora de aceptar que el sexismo ya no tiene futuro y es necesario superar un modelo que existió hasta el siglo pasado, pero que ya no existe en el presente.

Decía Don Francisco de Quevedo que «el ayer pasó y el mañana no ha llegado» y en ese tránsito entre una época que no volverá y otra que todavía no sabemos cómo será, los hombres en regresión optan por ampararse en un modelo periclitado –pero por ellos añorado– donde el agua era clara y el chocolate espeso, o sea, un modelo de sociedad donde los hombres mandaban y las mujeres obedecían y en el que incluso las más inteligentes intentaban sublimar sus frustraciones dando por buenas frases como las que había dicho Séneca veinte siglos atrás: «La mujer juiciosa manda a su marido obedeciendo».

Desde que el insigne filósofo cordobés intentó dar una salida «políticamente correcta» al potencial femenino han pasado tantas cosas que en la actualidad la inmensa mayoría de las mujeres rechazarían esa forma subsidiaria de ejercer su inteligencia y seguramente modificarían la sentencia para decir:

> La mujer juiciosa ni manda ni quiere obedecer a su marido sino que, en todo caso, espera encontrar un marido lo suficientemente juicioso como para que no necesite mandar a su mujer.

Y esa diferente expectativa entre hombres que pretenden relaciones cómodas y mujeres que aspiran a relaciones enriquecedoras es, en el fondo, el principal motivo de que una parte importante de los hombres en regresión queden colapsados por una realidad que no les gusta, porque no permite aplicar el modelo que ellos desearían.

En esa encrucijada vital los hombres en regresión deben tomar una decisión crucial: adaptarse a la nueva situación e intentar evolucionar, o reafirmarse en la regresión y mantener un esquema de relación que ya no resulta útil para encontrar pareja. Y como estar en regresión no significa haber perdido la razón, cuando muchos de ellos comprueban que las mujeres no aceptan vínculos asimétricos, dejan de ser hombres en regresión para convertirse en protagonistas de su propia reacción.

LOS HOMBRES EN REACCIÓN

Las personas siempre están a tiempo de madurar, pero es evidente que cuanto antes inician el proceso mayor es su margen de mejora, porque más plasticidad tienen para impulsar el cambio.

Los hombres en progresión ya lo han podido comprobar porque ellos han sabido resolver sus crisis y han evolucionado hacia la madurez entre los 30 y los 45 años, tal como indico en la figura 3, pero el problema de los hombres en reacción es que están en la frontera de la edad que puede conducirles a la neurosis si no optan por la rectificación.

Para facilitarles ese cometido, para ayudarles a que hagan un alto en el camino de su vida que les ayude a cambiar de dirección, les voy a dedicar un relato que utilizo en mis talleres de autoayuda y que ejerce un gran poder motivador en quien lo escucha.

> **LA VIDA ES UN PARTIDO DE FÚTBOL**
>
> Sabemos que un partido de fútbol dura 90 minutos repartidos en dos partes de 45, entre las que media un descanso. Piensen, pues, que cada minuto del partido es un año de su vida y que ahora, alrededor de los 45 años, están en el descanso preparándose para jugar la segunda parte.
>
> Evidentemente si están ganando utilizarán ese tiempo para recuperar fuerzas, pero si están perdiendo, además de reponer energía, lo más probable es que decidan introducir correcciones en el estilo de juego para intentar darle la vuelta al resultado.
>
> Pues bien, eso es lo que les propongo que hagan, si ustedes consideran que están perdiendo el partido en el ámbito amoroso, laboral o familiar:
>
> **Escuchen a cuantos entrenadores puedan y después cambien de táctica haciendo lo que su sentido común y sus competencias le aconsejen.**

Esta parábola resulta útil a la mayoría de las personas que la escuchan, pero está especialmente indicada para favorecer el cambio de los hombres en regresión. Si usted se reconoce como tal y ha decidido iniciar una reacción, voy a darle algunos datos que le servirán de ayuda para jugar mejor la segunda parte de su vida.

Tomando como guía las distintas fases del proceso de maduración personal establecidas en el esquema de la figura 3, voy a informarle de los principales procesos que caracterizan la evolución personal, aunque me centraré especialmente en la de *consolidación* y en la de *plenitud*, que son las que por su edad le permitirán aplicar el margen de rectificación que todavía está a tiempo de activar.

Proceso de maduración personal

- **Fase de inicio: de los 15 a los 20 años.**
  El primer reto importante es la aceptación de la autoimagen adulta y la toma de conciencia de los valores personales sobre los que va a construir su futuro. Supone también las primeras decisiones autónomas sobre vocación, trabajo y estilo de vida.

- **Fase de desarrollo: entre los 20 y los 30-35 años.**
  La persona toma decisiones trascendentes sobre su presente y su futuro en los cuatro ámbitos de su desarrollo vital: social, laboral, familiar y amoroso. Según gestione y asimile esas experiencias irá ganando seguridad y madurez o irá defraudando sus propias expectativas y perdiendo la confianza en sí misma.

- **Fase de consolidación: entre los 30-35 y los 40-45 años.**
  Es la etapa más crítica y determinante del «partido» de la vida, porque en ella se producen acontecimientos de gran trascendencia en el ámbito familiar y laboral que, en función de cómo se resuelven, van orientando al sujeto hacia la madurez o hacia la neurosis. Desde un punto de vista psicoevolutivo se van consolidando las tendencias del comportamiento de la fase de desarrollo y, por tanto, cada vez resulta más difícil que se produzcan cambios importantes en el proyecto vital. Por eso es tan relevante que, cuando las cosas no funcionan, la persona haga un balance existencial y decida los cambios que debe introducir para que su futuro sea mejor que su pasado.

- **Fase de plenitud: a partir de los 45-50 años.**
  La fase previa de consolidación deja poco margen para el cambio y la persona se convierte progresivamente en neurótica o madura en función de cómo ha evolucionado en la etapa anterior. Si no ha tenido

grandes problemas y todo le ha funcionado bien, alcanzará un alto grado de seguridad. Y si además ha sido capaz de superar con éxito suficientes fracasos y situaciones críticas, se convertirá en una persona madura. En cambio, si no ha sabido gestionar adecuadamente sus problemas, en lugar de alcanzar la «plenitud» de la madurez habrá conseguido la cronificación de la neurosis.

Por tanto, desde un mismo punto de partida las personas pueden llegar a dos metas antagónicas y es evidente que donde se encuentran la congruencia interna, la realización personal y el amor armónico es siempre en la madurez y nunca en la neurosis, aunque a veces para llegar a la primera hay que pasar por la segunda. Pero, por si tienen alguna duda de donde se encuentran ustedes en estos momentos, vean cuáles son los rasgos más característicos de ambos perfiles.

PERFIL DE COMPORTAMIENTO

Persona madura	Persona neurótica
• Capacidad de armonizar la acción con la reflexión	• Conductas erráticas y poco reflexivas
• Capacidad de autocrítica	• Poca capacidad de autocrítica
• Capacidad de comprensión	• Necesidad de comprensión
• Resistencia a la frustración	• Poca resistencia a la frustración
• Resistencia al sufrimiento	• Poca resistencia al sufrimiento

Figura 5. Cuadro comparativo del perfil del comportamiento maduro y neurótico.

Supongo que comparando los datos, los hombres en reacción tendrán claro hacia dónde deben dirigir sus pasos, pero si la inseguridad les hace dudar y en lugar de seguir avanzando hacia la progresión tienen la tentación de instalarse en la regresión, siento decirles que allí no podrán quedarse mucho tiempo porque, en lo que respecta a la maduración personal, quien no avanza retrocede y corre el peligro de cronificar su regresión hasta un punto en el que ya no se sentirá cómodo en esta sociedad y necesitará volar hacia otro lugar.

LOS HOMBRES PETER PAN

Los hombres Peter Pan ya no están en regresión ni en reacción, porque al renunciar a su evolución, o al fracasar en el intento, han decidido instalarse en la confortable isla donde está ubicado el país de Nunca Jamás. Quienes conocen la obra de Barrie, han visto la película de Disney, o leído el libro de Kiley, saben a qué me refiero. Se trata de hombres que para evitar una realidad que no les gusta se niegan a crecer psicológicamente y para ello se refugian en un lugar imaginario, que se fabrican a su gusto, donde pueden vivir sin aceptar responsabilidades y en un estado de constante diversión.

Tal como los describo y teniendo en cuenta las dificultades que implica gestionar las complejidades del presente, no debe extrañar que tantos hombres sientan la tentación de hacer ese viaje. El problema es que como esa isla solo existe en el mundo virtual de las redes sociales, quienes la encuentran corren el riesgo de quedar descontextualizados para siempre de la realidad.

A quienes les interese el tema o se sientan identificados con el personaje pueden consultar *Peter Pan puede crecer* donde hablo profusamente del síndrome y de las cosas que pueden hacer los hombres que lo padecen para lograr superarlo. Es por ello que aquí solo me limitaré a resumir la información que puede resultar de utilidad para aquellos de ustedes que tengan dudas con respecto al punto en el que pueden estar concernidos por el problema. Quien quiera averiguarlo puede cumplimentar el siguiente cuestionario.

CUESTIONARIO PETER PAN

Marque con una cruz la casilla de la respuesta que mejor refleje su actitud con respecto a la situación o comportamiento descrito en la pregunta:

	SÍ	NO
1. Recibe quejas frecuentes de su entorno porque le consideran excesivamente inmaduro o egoísta.	☐	☐
2. Tiene tendencia a aparentar lo que no es, o a exagerar sus méritos, para captar el interés de las mujeres.	☐	☐
3. Necesita sentirse querido pero se cansa fácilmente de las personas con las que mantiene relaciones amorosas.	☐	☐
4. En las reuniones sociales le gusta flirtear aunque eso pueda incomodar a su pareja.	☐	☐
5. Se pone de mal humor cuando no puede satisfacer inmediatamente sus necesidades.	☐	☐
6. Considera que debe ser el centro de atención de las situaciones públicas en las que participa.	☐	☐
7. Cree que su seguridad depende mucho o bastante de la aceptación que recibe de los demás.	☐	☐
8. Tiene tendencia a culpabilizar a los demás de sus problemas en lugar de hacer algo para resolverlos.	☐	☐
9. Cuando tiene un conflicto entre lo que le gustaría hacer y lo que considera que debe hacer, se inclina con frecuencia por lo primero.	☐	☐
10. Le resulta fácil incumplir los compromisos que usted mismo ha decidido aceptar.	☐	☐

Valoración del resultado: Cada SÍ suma un punto y la suma de la puntuación obtenida debe ser interpretada según el siguiente cuadro:

Puntuación obtenida	Interpretación del resultado
10	Difícilmente puede alcanzar esta puntuación porque indicaría una capacidad de asumir su inmadurez que Peter Pan no suele tener.
9	Si es usted joven tiene un perfil característico de Peter Pan. Si está en la frontera de los 40 años su inmadurez puede cronificarse y neurotizarlo. Le conviene reaccionar inmediatamente para evitar ese peligro.
8-7	Tiene usted comportamientos propios de Peter Pan, pero el hecho de reconocerse en ellos le va a permitir reaccionar. Su pronóstico es tanto mejor cuanto más joven sea.
6-5	Si usted tiene menos de 30 años la puntuación indica una inmadurez propia de la edad. Si ha pasado de los 40 indica que no está madurando de forma adecuada.
4-3	Si tiene menos de 30 años posee un nivel de madurez superior a la media de su edad. A partir de los 30 y hasta los 50 significa que ha sido capaz de aprender de sus errores y de ir madurando gracias a ellos.
2-1	Esta puntuación es característica de las personas adultas que han sabido madurar con el tiempo. Suelen ser personas seguras y autorrealizadas.
0	Difícilmente puede obtener esta puntuación. Por tanto o es usted una persona óptimamente madura o tiene un problema semejante al de la persona que obtiene la máxima puntuación, porque significa que está negando su inmadurez.

Lógicamente, el ejercicio que acabo de proponerle no tiene por objeto adjudicarle la etiqueta de Peter Pan ni exonerarle de su condición, sino favorecer su propia reflexión para determinar hasta qué punto reúne rasgos del perfil. Por ello le sugiero que para optimizar la utilidad de la autoevaluación, solicite a su pareja o a una persona próxima que le conozca bien que cumplimente también el cuestionario con su opinión sobre usted. Después analicen juntos el resultado e intercambien sus puntos de vista sobre las respuestas no coincidentes. De esa manera obtendrá una información valiosísima para profundizar en su autoconocimiento. Pero si todavía tiene dudas de hasta qué punto está afectado por el síndrome le informo de los cinco rasgos básicos del hombre Peter Pan para que disponga de referentes comparativos:

- Alto grado de necesidad afectiva.
- Exceso de egocentrismo y narcisismo.
- Escasa resistencia a la frustración.
- Poca capacidad de autocrítica.
- Dificultad para aceptar relaciones simétricas con las mujeres.

Si usted está lejos de ese perfil le felicito, porque indica que está evolucionando hacia los hombres en progresión. Pero si se siente identificado, en grado suficiente, con esos rasgos también le felicito, porque significa que posee la capacidad de autocrítica necesaria para iniciar su propio proceso de mejoramiento personal. Y como la tesis que estoy defendiendo es que quien mejora enamora, sepa que tiene a su disposición una amplia oferta de libros de autoayuda y de servicios profesionales de psicoterapia que pueden servirle de apoyo para gestionar con eficacia la compleja realidad del presente sin que tenga la necesidad de refugiarse en el pasado.

Si acepta ese reto y se ayuda a sí mismo podrá comprobar que el mundo real está lleno de mujeres autorrealizadas dispuestas a compartir su futuro amoroso con hombres que han sabido evolucionar, al aceptar que, precisamente porque ambos sexos son distintos, pueden enriquecerse de la diferencia. Mientras eso no ocurra en grado suficiente y en un número significativo de hombres, la actual crisis en el modelo de relaciones amorosas seguirá alimentando el conflicto entre unos hombres que saben de dónde vienen, pero no saben a dónde van, y unas mujeres que después de haber recorrido un largo camino ahora se encuentran decepcionadas porque no les gusta lo que encuentran.

5

LAS MUJERES Y EL AMOR

El amor en la mujer está siempre mezclado con una admiración involuntaria y cesa cuando cree convencerse de que el hombre le es inferior.
Friedrich Hebbel

Si tuviera que dar mi opinión sobre el estado de las relaciones amorosas en nuestro país y en las demás sociedades que comparten con nosotros el estilo de vida occidental, diría que hay tres cosas que parecen bastante claras:

1. Que por regla general las mujeres están más insatisfechas que los hombres de la calidad de sus relaciones amorosas.

2. Que cuando una pareja heterosexual valora la calidad de su relación el hombre suele mostrar un mayor conformismo y la mujer una mayor insatisfacción.

3. Que como consecuencia de ambas cosas, la expectativa sobre la calidad del vínculo amoroso es superior en las mujeres y por tanto son ellas las que se defraudan, con mayor frecuencia, y solicitan la separación o el divorcio.

Estas tres evidencias psicosociales son las que me llevan a resumir la distinta percepción de una misma realidad amorosa diciendo que:

> Lo que es suficiente para el hombre, resulta insuficiente para la mujer.

Y como esa discrepancia en la valoración no solo se ha mantenido sino que se ha agudizado, nos encontramos en un momento histórico de excepcional gravedad para la supervivencia de la pareja, porque cada vez hay más mujeres que se preguntan hasta qué punto es posible encontrar hombres que satisfagan suficientemente sus expectativas.

Como consecuencia de lo que acabo de decir, el colectivo femenino está tomando conciencia de que todos los avances logrados en el ámbito social, económico y cultural, tienen un alto coste amoroso, porque cuando las mujeres alcanzan un nivel de madurez y excelencia a partir del cual pueden ser denominadas con toda propiedad «supermujeres», topan con una dura realidad ambiental en la que se dan cuenta de que, las mismas virtudes que les sirven a los hombres para encontrar mujeres que les consideren sujetos amorosos interesantes, a ellas les limita –por una triple vía– esa posibilidad.

- *La primera* es aritmética, puesto que el número de hombres maduros es inferior.

- *La segunda* es su propia actitud, ya que no están receptivas si no detectan en el hombre unos valores que sintonicen con sus aspiraciones.

- *Y la tercera* es relacional, puesto que muchos hombres evitan el contacto con ellas porque prefieren mujeres que puedan aceptarles más fácilmente.

En definitiva, y ese es el gran problema amoroso asociado a la excelencia femenina, mientras que al hombre solo le hace falta mejorarse un poco para aumentar sensiblemente su capacidad de enamorar a más mujeres, las mujeres ven mermadas sus expectativas amorosas a medida que mejoran. Por eso cada vez es mayor el número de supermujeres que viven de forma ambivalente su excelencia, porque aquello que es bueno para su autoconcepto y seguridad personal les genera una desventaja amorosa que, además de ser injusta, es altamente decepcionante.

LAS MUJERES DECEPCIONADAS

¿Por qué al introducir la perspectiva de género hago referencia a las mujeres decepcionadas si en ningún momento lo he utilizado en relación a los hombres? ¿Es que no hay hombres decepcionados de sus parejas? Pues sí, pero son muchos menos y por razones distintas. Para que puedan hacerse una idea del estado de la cuestión les informaré de algunos datos obtenidos en el contexto clínico:

- El 80% de las parejas que acuden a consulta lo hacen por iniciativa de la mujer.
- Ocho de cada diez de esas mujeres declaran estar insatisfechas con la calidad de la relación.
- Más del 60% de los hombres implicados en las terapias consideran que las quejas de sus mujeres son excesivas, desproporcionadas o injustas.
- Solo el 20% de los hombres asumen su responsabilidad en el deterioro de la relación y muestran su disposición a autocriticarse para mejorar la calidad del vínculo.
- Menos del 10% de los hombres dejan a su mujer como consecuencia de la falta de «calidad» en la relación, sin que influyan otros factores ajenos a la pareja.
- En cambio, alrededor del 50% de las mujeres que acuden a tratamiento por saturación convivencial rompen el vínculo sin que existan otros factores que influyan en la decisión.

Podría seguir facilitando datos que ilustran el alto grado de insatisfacción amorosa de las mujeres y el desconocimiento o conformismo que los hombres muestran en relación a cómo sus mujeres viven esa misma realidad. Pero como existe evidencia suficiente de que la situación es tal como la estoy describiendo, lo que conviene averiguar son las razones psicológicas que nos han llevado a que tres de cada cuatro mujeres se declaren insatisfechas de su vida amorosa mientras que los hombres expresan justamente lo contrario y en una proporción casi idéntica.

Como una cosa son los datos y otra su interpretación, antes de pronunciarme al respecto daré la que podría ser la respuesta a esas preguntas desde la visión de un machista radical y una feminista extrema:

> **Machista radical:**
> Las mujeres son unas insatisfechas que no se conforman con nada.
>
> **Feminista extrema:**
> Los hombres son unos inmaduros que no han sabido evolucionar, por eso es difícil encontrar alguno que valga la pena.

Es evidente que este esquemático resumen podría ampliarse casi al infinito para construir con él una completa enciclopedia sobre las diferencias de género y las razones biológicas, históricas y sociológicas que han generado el desconcierto amoroso actual, pero como mi intención no es justificar diferencias sino facilitar aproximaciones, voy a dar mi punto de vista desde la perspectiva de un hombre que ha estado cuarenta años tratando problemas de pareja. Aunque antes de pronunciarme, quiero contarles una curiosa historia relacionada con lo que se conoce como «sabiduría del promedio» que servirá para reforzar la fiabilidad de mis argumentos.

> **EL BUEY DE GALTON**
>
> El suceso fue protagonizado por el prestigioso naturalista inglés y pionero de la psicometría Sir Francis Galton (1822-1911) y se refiere a algo que le ocurrió en 1906 cuando tenía ochenta y cinco años.
> Lo que cuenta Galton es que quiso comprobar hasta qué punto habían sido acertados los criterios de las 800 personas que habían participado en una especie de concurso-apuesta que se celebraba en la feria de ganado de Plymouth, a la que había sido invitado. El premio era un espléndido buey y el concurso consistía en adivinar su peso. El ganador sería el participante que –al calcularlo a simple vista– se acercara más al peso real del enorme

> bovino. El resultado fue que la media que salía de la suma que realizó Galton del peso que fijó cada uno de los apostantes era de 1197 libras cuando el peso exacto del animal era de 1.198 libras.
>
> La moraleja de la historia es que nadie acertó el peso exacto, pero el peso promedio de la suma de todos era el más cercano al peso real. A partir de esa experiencia Galton revisó su visión elitista de la inteligencia humana, que él asociaba a personas muy cultivadas y empezó a hablar de un concepto que con el tiempo se conocería como «sabiduría del promedio».

El valor de esa anécdota fue elevada por la ciencia estadística a categoría y dio lugar a consolidar un concepto de «inteligencia colectiva» que sintoniza perfectamente con mi creencia de que *nadie sabe tanto como todos juntos*. Por eso, atendiendo a la teoría aristotélica que define la virtud como el punto medio entre dos extremos que a su vez serían defectos, y después de haber escuchado a lo largo de mi vida profesional a más de mil mujeres decepcionadas de sus relaciones con hombres conformados, voy a facilitarles las conclusiones a las que he llegado, porque esas mujeres aportan –con respecto al desencuentro amoroso– una visión fiable de las causas de su decepción, ya que todas juntas no pueden estar equivocadas y nos están haciendo llegar una rica información sobre la sabiduría del promedio.

EL CONFORMISMO MASCULINO

Con lo poco que he vivido, en comparación a lo mucho que he escuchado, y lo bastante que he reflexionado sobre ambas cosas, he ido estableciendo algunas constantes sobre las peculiaridades del vínculo amoroso. Y en relación a las diferencias entre hombres y mujeres, podemos dividirlas en tres categorías: *las de género*, *las idiosincráticas* y las que están relacionadas con *el grado de madurez* de sus componentes.

Con respecto *al género*, es evidente que los hombres y las mujeres tenemos suficientes diferencias anatómicas como para podernos identificar fácilmente como pertenecientes al sexo masculino o al femenino. Y esa primera taxonomía ya nos crea psicológicamente una dicotomía, puesto que nos consideramos –a la vez– seres pertenecientes a una misma raza humana pero dividida en dos sexos que pueden ser complementarios o antagónicos en función de las otras dos variables: la idiosincrasia y el grado de madurez.

La idiosincrasia es aquello que nos singulariza como sujetos desde un punto de vista temperamental y caracterial, y por tanto lo que nos hace más o menos compatibles a unas personas con otras de forma natural y sin tener en cuenta el tercer factor que es el que actúa como dificultador o facilitador de relaciones armónicas entre personas distintas.

En consecuencia y resumiendo, los hombres y las mujeres pertenecemos a dos sexos distintos que pueden conciliarse en mayor o menor grado en función de su temperamento, carácter y *grado de madurez* respectivo. Y este tercer elemento –adecuadamente potenciado– es el que puede conciliar desde la razón aquello que el sexo y el temperamento tienden a mantener distante, que en lo tocante a las relaciones amorosas son básicamente las siguientes:

1. Los hombres prefieren relaciones cómodas, mientras que las mujeres prefieren relaciones vivas.

2. Los hombres hacen una menor inversión emocional y, por tanto, no esperan una gran recompensa; en cambio las mujeres, al hacer una mayor inversión, esperan una mayor recompensa, con lo cual es más fácil que queden defraudadas.

3. Cuando tienen un conflicto los hombres tienden a buscar una solución racional, mientras que las mujeres esperan un enfoque emocional.

Naturalmente estas tres grandes diferencias no son universales ni se manifiestan de manera idéntica en las distintas personas, pero podemos considerarlas tendencias de género que solo pueden ser corregidas, de forma significativa, a través de la adecuada gestión de la madurez personal. Por eso, hoy por hoy y desafortunadamente para ellas, sigue siendo mayor el grado de insatisfacción que manifiestan las mujeres, con respecto a la calidad de su relación de pareja, que la percibida por los hombres con los que mantienen el vínculo. En ese sentido puedo darles un dato relevante: de cada cuatro hombres que acuden a terapia, tres lo hacen por iniciativa de su mujer y más de la mitad de ellos solo aceptan la terapia para contentar a su pareja.

Por tanto, está claro que la valoración subjetiva de la calidad de la relación suele ser más conformista en los hombres, lo cual alimenta la vivencia de insatisfacción de las mujeres, al no encontrar suficiente reciprocidad a sus aportaciones amorosas. Esa distinta forma de vivir una misma realidad es el principal factor desencadenante de los conflictos de pareja, puesto que se concreta en maneras notoriamente diferenciadas de gestionar sus respectivas insatisfacciones:

> Los hombres, al conformarse más, se quejan menos; y las mujeres, al conformarse menos, se quejan más.

Por eso son ellas las principales candidatas a experimentar un peculiar fenómeno sentimental que, por analogía a la unidad de peso que lo inspira, bauticé con el nombre que sirve de encabezamiento al siguiente apartado.

EL KILO DE NOVECIENTOS GRAMOS

Novecientos gramos es un peso considerable pero evidentemente no hacen un kilo. Ese es el ejemplo que pongo en *Amor al segundo intento* para referirme a la insatisfacción relativa que sienten muchas personas respecto a lo que esperan recibir o encontrar en sus parejas para sentirse satisfechas de la relación. De hecho fue allí donde utilicé por primera vez el concepto de «síndrome» –dentro del contexto de la pareja estable– para llamar la atención sobre una constante que había detectado en más de la mitad de las mujeres que acudían a mi consulta en demanda de apoyo psicológico. Según declaraban «no estaban mal pero no acababan de estar bien». No querían dejar la relación porque tenía muchas cosas buenas pero les faltaba «algo» que no sabían cómo definir y en algunos casos ni siquiera llegamos a localizar, aunque siempre tenía que ver con el efecto de la matemática de los sentimientos y la defraudación de expectativas.

Evidentemente, desde entonces he seguido tratando este tipo de problemas y la conclusión más clara que he podido sacar, tanto por la información acumulada como por lo comentado con otros terapeutas, es que es una queja mayoritariamente femenina. De hecho el 90% de las parejas que solicitan apoyo para superar esta insatisfacción lo hacen por iniciativa de la mujer; y solo alrededor del 30% de los hombres implicados han manifestado posteriormente –dentro del proceso terapéutico– que ellos tampoco estaban suficientemente bien, pero que les parecía que la cosa no era tan «grave» como para hacer terapia.

Total, que después de tantos años interviniendo en este tipo de problemáticas he llegado a la conclusión de que la balanza del amor es mucho más rigurosa en las mujeres que en los hombres, lo cual hace muy comprensible que los «kilos de novecientos gramos» sean casos mayoritariamente femeninos y que, los pocos que se dan entre los hombres, no puedan tipificarse –únicamente– como tales porque están relacionados también con enamoramientos alternativos. Estamos pues, ante un problema serio que afecta predominantemente a las mujeres y muy minoritariamente a los hombres. Quizá por eso, cuando se intenta denunciar la gravedad de la cuestión, siempre surge un hombre dispuesto a restarle importancia al descontento femenino. En ese sentido recuerdo un chiste, que contaba Eugenio, que podría tomarse como referente paradigmático:

> Se trata de una gitana que le está leyendo la mano a una joven para hacerle una predicción de su futuro, y le dice:
> —Chiquilla, veo un hombre guapo, inteligente y bueno que te está esperando. Lo vas a encontrar pronto y vas a ser muy feliz.
> Y la joven le contesta:
> —Vale, ¿y qué hago con el que tengo?

He querido terminar este apartado con un toque de humor porque, como decía Freud, «en broma se puede decir todo, incluso la verdad». Y esa verdad es tan incómoda que para poderla afrontar con ánimo de resolverla es conveniente una cierta descompresión y un considerable optimismo. Solo así podremos manejar con eficacia uno de los grandes contenciosos amorosos de las parejas hetero sexuales que, como ya he resumido en pocas palabras, consiste en intentar conciliar la comodidad que espera encontrar el hombre con la expectativa de calidad que desea disfrutar la mujer. Por eso este síndrome, causado por la excelencia personal, resulta un tanto paradójico, puesto que el principal factor de riesgo para padecerlo es el de ser mujer y estar dotada de muchas virtudes. Aunque para que se entienda la razón de lo que digo primero debo hablarles del origen y consistencia de esas virtudes.

MI TEORÍA DE LA SEGURIDAD PERSONAL

Si en el año 2015 no hubiera publicado *El secreto de la autoestima* ahora no estaría escribiendo este libro, porque no hubiera obtenido la información necesaria para detectar que existían, en grado suficiente, todas las variables que generan el síndrome. De hecho, es el cuestionario sobre seguridad personal que paso a mis clientes el que me permitió elaborar la teoría que presenté entonces, y que vuelvo a utilizar ahora, para detectar el efecto que causa, sobre su vida amorosa, el grado de seguridad personal que tiene cada uno de los miembros de la pareja.

Para que sepan de dónde provienen los datos en los que apoyo la etiología del síndrome, vean el cuestionario que utilizo en consulta para que las personas evalúen su percepción subjetiva de seguridad y tomen conciencia de los cuatro factores que la constituyen:

COMPONENTES DE LA SEGURIDAD PERSONAL

Autoestima
Lo que yo me quiero.

Autoimagen
Lo que yo me gusto.

Autoconcepto
Lo que yo me valoro.

Competencia sexual
HOMBRES: Relacionada con los atributos y el funcionamiento.
Mujeres: Más relacionada con la autoestima y la autoimagen.

AUTOEVALUACIÓN

Seguridad	Fuentes	Inseguridad
10	AUTOESTIMA	0
10	AUTOIMAGEN	0
10	AUTOCONCEPTO	0
10	COMPETENCIA SEXUAL	0

Percepciones que determinan la valoración
Lo que yo creo de mí.
Lo que yo creo de los demás.
Lo que los demás creen de mí.

Figura 6. Cuestionario sobre la valoración subjetiva de la seguridad.

Naturalmente, si la persona tiene alguna duda la voy aclarando sobre la marcha, pero como de lo que se trata es de que el cliente exprese la percepción intuitiva de su propia seguridad, la consigna que les doy es que se puntúen sin pensarlo demasiado para que ellos mismos tomen conciencia súbita de sus fortalezas y fragilidades. Lo habitual es que en dos o tres minutos todo el mundo lo cumplimente y a partir de esa autoevaluación se empieza a trabajar para que cada persona mejore en lo que pueda.

Si usted, como lector, también quiere pasar por la experiencia de cumplimentar el cuestionario, y teniendo en cuenta que no puede preguntarme directamente las dudas que puedan surgirle, le ampliaré un poco el significado de cada uno de los cuatro componentes de la seguridad para que el ejercicio adquiera la mayor utilidad posible.

Autoestima
Percepción que tiene la persona de ser digna de ser querida en función de cómo se ha sentido querida en la infancia más los refuerzos afectivos posteriores. En mi teoría, es el factor primero y primigenio de la seguridad porque empieza a desarrollarse en la infancia temprana.

Autoimagen
Percepción que tiene el sujeto de su propio atractivo físico. Se establece definitivamente después de los cambios anatómicos propios de la adolescencia. Se configura en función de los parámetros psicoestéticos imperantes y en relación al atractivo de las personas que se toman como referente. Es el segundo pilar de la seguridad personal.

Autoconcepto
Conjunto de cualidades intelectivas, caracteriales y de personalidad de un sujeto, que cuando se utilizan adecuadamente se refuerzan a sí mismas y sirven para corregir o mitigar los aspectos de la autoestima, de la autoimagen o de la competencia sexual que se han constituido en fuente de inseguridad. Es el tercer pilar de la seguridad y el más asequible al cambio a través de la autocrítica y la intervención terapéutica.

Competencia sexual

Cuarto pilar de la seguridad personal. Está relacionado con la autoestima, la autoimagen y la propia valoración del sujeto con respecto a su anatomía sexual y su capacidad de dar y recibir placer. Es la menos universal de las cuatro fuentes de afirmación y presenta notables diferencias de género, pero resulta relevante para más del 80% de la población entre los 20 y los 60 años de edad.

Espero que estas definiciones operativas ayuden a cumplimentar de forma fundamentada el cuestionario a quien quiera hacerlo, y que sirva también para entender las razones sobre las que apoyo mi convicción de que el síndrome tiene su origen en el efecto paradójico que causa la excelencia sobre la vida amorosa de las mujeres.

Para que se hagan una composición cabal de lo que estoy diciendo solo tienen que observar el resultado global de las puntuaciones del grupo de mujeres que han participado en el estudio que me ha permitido ratificar mi teoría sobre las causas que originan el síndrome.

CARACTERÍSTICAS DEL GRUPO Y RESULTADO PROMEDIO DE LAS PUNTUACIONES

Mujeres	Nivel de estudios	Pilares de seguridad	Autoevaluación	Promedio global
Grupo A (40-50 años): 49	Medios: 19 Superiores: 30	Autoestima	7,80	8,12
		Autoimagen	7,90	
		Autoconcepto	8,70	
		Competencia sexual	8,10	
Grupo B (51-60 años): 63	Primarios: 7 Medios: 31 Superiores: 25	Autoestima	7,70	7,75
		Autoimagen	7,40	
		Autoconcepto	8,60	
		Competencia sexual	7,30	
Total: 112				7,9

Figura 7. Cuadro resumen de la autoevaluación de la seguridad de las mujeres que ha servido de base para tipificar el síndrome.

Los datos han sido recogidos en el contexto terapéutico durante el quinquenio 2014-2018 y son el resumen del promedio de todas las puntuaciones obtenidas al pasar el cuestionario de la seguridad.

Para no dejar la valoración del estudio en una mera cuestión numérica veamos algunos datos suplementarios que permiten interesantes inducciones:

1. Por fortuna para ellas, para su seguridad y para el principio de realidad, ninguna de las participantes se valoró por encima de 9 ni por debajo de 6. Por tanto es evidente que su grado de seguridad era notable y el equilibrio entre los cuatro factores suficiente como para poder calificarlas de mujeres seguras.

2. No obstante lo dicho, se apreció una ligera disminución en la autoevaluación de los factores relacionados con la autoimagen y la competencia sexual en el grupo B que puede ser atribuible tanto a su propia percepción de pérdida de la libido y del atractivo físico, como al refuerzo negativo de una escala de valores sociales que relaciona la belleza con la juventud.

3. Al margen de ese matiz, todas ellas mostraron y demostraron, durante el tiempo que duró el apoyo terapéutico, un alto grado de madurez personal y una capacidad de gestión de la realidad superior a la que puede observarse en la mayoría de las personas.

La interiorización y reflexión sobre la información recibida en esas interacciones terapéuticas es la que me ha hecho tomar conciencia de que está emergiendo un nuevo tipo de sociopatía que se ha estado gestando durante las tres últimas generaciones, cuyas características, etiología y morbilidad es la que me ha permitido dar título al libro y al encabezamiento del próximo capítulo.

EL SÍNDROME DE LAS SUPERMUJERES

Son muchísimos los que aman; poquísimos los que saben amar.
STEFAN ZWEIG

Son guapas e inteligentes. Tienen habilidades sociales, capacidad de mando y estudios medios o superiores. Desempeñan trabajos en los que expresan sus competencias y se sienten realizadas. Poseen autonomía económica, un alto grado de seguridad y una notoria madurez personal.

Ese es el denominador común del perfil de la muestra de las 112 mujeres que participaron en la autoevaluación de la seguridad resumida en la figura 7, cuyos datos hicieron que yo me planteara la siguiente pregunta:

> ¿Para qué necesitan acudir al terapeuta mujeres que reúnen todas las condiciones para sentirse seguras y realizadas?

La conclusión global que obtuve sintetizando sus comentarios era que efectivamente se sentían seguras y realizadas, pero no eran *completamente* felices. Y esa carencia que les impedía alcanzar la plenitud estaba –precisamente– relacionada con su vida amorosa, porque todas ellas tenían o habían tenido problemas de pareja, cuando en los demás aspectos relacionados con la felicidad tanto su autoevaluación como mi percepción eran positivas y coincidentes.

Ese contraste entre los muchos valores y capacidades encontrados en ellas y las dificultades o insatisfacciones amorosas que todas padecían, es lo que me ha llevado a tipificar el síndrome que, para que se vea claramente en que consiste, voy a enunciarlo en contraposición a lo que le ocurre al colectivo masculino que disfruta de un perfil semejante:

> Mientras que en el caso de los hombres se da una correlación directa entre mejora personal y éxito amoroso, en el caso de las mujeres suele ocurrir lo contrario. Por tanto, la hipótesis que planteo es que cuanto más éxito tiene una mujer en su proyecto de realización personal más difícil les resulta establecer relaciones amorosas satisfactorias.

Evidentemente lo que yo he detectado en la consulta no sé hasta qué punto es aplicable a la población general, pero a la luz del resultado obtenido en la encuesta sobre la felicidad de la figura 1 y en las respuestas que obtengo en conversaciones formales e informales con hombres y mujeres de distinto estado, edad y condición, me temo que mi teoría amorosa de que la excelencia personal premia a los hombres y castiga a las mujeres, es difícilmente refutable y afecta por igual tanto a las supermujeres que tienen o han tenido pareja, como a las que han decidido vivir en singular porque no se resignan a convivir con hombres que no cubren sus expectativas.

En ese sentido, y para completar la información del grupo que acabamos de analizar, veamos cuál era su situación convivencial al iniciar la demanda de apoyo psicológico.

Nº de Mujeres	Motivaciones de la consulta	Situación convivencial
55	Demanda de ayuda ante la dificultad de encontrar parejas adecuadas.	Vivían solas: 21
		Vivían con sus hijos: 34
31	Demanda de apoyo psicológico para dejar a su marido.	Vivían con su pareja y los hijos comunes.
26	Demanda de apoyo psicológico para llevar mejor una relación que consideraban pobre.	Vivían con su pareja y los hijos comunes: 11
		Vivían con sus hijos y una nueva pareja: 9
		Tenían una pareja no convivencial: 6
Total: 112		

Figura 8. Cuadro resumen de las motivaciones de la demanda de apoyo psicológico.

Evidentemente ninguna de ellas se calificó a sí misma de «supermujer» sino que el superlativo con el que las defino lo he creado yo y es una forma de resumir su perfil según los criterios que utiliza nuestra sociedad para valorar la excelencia.

Pero lo que resulta verdaderamente interesante es la razón por la cual asocio a ellas el concepto de «síndrome» cuando todos sabemos que el vocablo se utiliza para unificar el conjunto de síntomas que caracterizan a una enfermedad o trastorno. ¿Cómo puedo calificar de malo algo que tiene que ver con la excelencia?

Esa es la clave de la cuestión y el origen de un problema que ya empecé a detectar hace veinticinco años, cuando realicé mis primeros estudios de campo sobre el enamoramiento y el amor. Lo que entonces percibí fue una creciente insatisfacción femenina con respecto a la calidad de sus relaciones amorosas con los hombres. Y lo que está ocurriendo ahora es que aquel problema incipiente está adquiriendo una enorme dimensión social hasta el punto de generar el fenómeno que ha dado lugar a este ensayo, cuyo título sirve exactamente de definición operativa del concepto.

> **Síndrome de la supermujer**
> Conjunto de las características positivas que siendo buenas para la seguridad y la autorrealización de la mujer dificultan, en la práctica, la posibilidad de encontrar una pareja masculina.

Para que entiendan las razones por las cuales este es un síndrome específicamente femenino voy a utilizar la misma definición operativa aplicada al varón.

> **Síndrome del superhombre**
> Conjunto de las características positivas que siendo buenas para la seguridad y la autorrealización del hombre dificultan, en la práctica, la posibilidad de encontrar una pareja femenina.

¿Cuántos hombres creen que padecen ese síndrome? Yo no he conocido a ninguno que sufra por esa causa, puesto que los que son guapos, inteligentes y maduros, con habilidades sociales, capacidad de mando y estudios medios o superiores no suelen tener demasiadas dificultades para encontrar pareja. Más bien les ocurre lo contrario, ya que su principal problema consiste en aclarar cuál de las distintas mujeres que muestran su buena disposición a emparejarse con ellos les conviene más.

La comparación que acabo de realizar es tan injusta desde una perspectiva amorosa como evidente desde un punto de vista social y me lleva a una lamentable conclusión: muchas mujeres sufren de este síndrome porque aún persiste en el inconsciente colectivo la inercia sexista del modelo hombre dominante-mujer subordinada.

Evidentemente el hombre ya no es un cavernícola que arrastra a una mujer hacia la cueva para fornicar con ella, como pintan a nuestros ancestros en los chistes gráficos, pero está claro que un modelo que ha predominado millones de años no se supera fácilmente; aunque, gracias al empeño y al esfuerzo de las mujeres de la generación X, el poder masculino se ha atenuado tanto que lo único que queda de aquel pasado sexista es que los hombres se enamoran más fácilmente de las mujeres que les admiran, mientras que a ellas les cuesta mucho encontrar hombres admirables.

El resultado natural de esa antinomia explica que las mismas características personales que a las mujeres les produce un síndrome a los hombres les genera un beneficio amoroso.

Esa es una norma que beneficia a todos los hombres y perjudica a muchas mujeres. Y la diferencia entre ellos y ellas es fácilmente explicable puesto que el número de mujeres evolucionadas es muy superior al de hombres, lo cual hace que sus posibilidades de alcanzar el éxito amoroso sea manifiestamente inferior. Por eso los hombres que mejoran enamoran, y las mujeres que ya han mejorado tienen ante sí el reto de afrontar el síndrome que les genera su excelencia.

Cada una lo hace a su manera y no con el mismo resultado; aunque, en este caso, tengo la satisfacción de anunciar que la inmensa mayoría de las mujeres incluidas en el estudio encontraron la manera de clarificar sus dudas y dieron por acabado el tratamiento porque llegaron a la conclusión de que los motivos que las llevaron a consulta estaban suficientemente resueltos, o estaban adecuadamente asimilados.

Evidentemente «resueltos o asimilados» no quiere decir que las que tenían dificultades para encontrar hombres adecuados estuvieran felizmente emparejadas, ni que las que querían romper el vínculo lo hubieran logrado. Lo que sí habían conseguido era armonizar sus contradicciones y ganar habilidades psicológicas que les servían para llevar mejor su realidad o para poder cambiarla.

El seguimiento que hice de muchos de esos casos y las conclusiones que obtuve reflexionando sobre esa experiencia clínica es la que me ha pemitido establecer cinco tipologías de supermujeres, que voy a definir de forma suficientemente gráfica como para que pueda deducirse de la nomenclatura el modo en que sus respectivas integrantes han resuelto el motivo de su consulta y han quedado en disposición de relacionarse con los hombres a partir de ese momento.

Teniendo en cuenta esas dos variables he establecido las siguientes denominaciones: *las conformadas, las reactivas, las castradoras, las autosuficientes* y *las facilitadoras*. Hecha la tipificación, y para que tanto los hombres como las mujeres tengan una información que les ayude a relacionarse mejor, voy a dedicar un apartado a cada grupo para que todos podamos beneficiarnos del conocimiento de los mecanismos relacionales que caracterizan las distintas variantes del síndrome.

LA SUPERMUJER CONFORMADA

«Conformada» no significa que esté aguantando estoicamente su situación, sino que acepta su realidad de forma adaptativa, tanto si tiene pareja como si está viviendo en singular. Quizá lo más característico de su perfil es que suele ser transitorio y al cabo de dos o tres años evoluciona hacia alguna de las otras variantes. De hecho, la supermujer conformada lo es solo durante el tiempo que necesita para convertirse en autosuficiente o en facilitadora. Aunque, en algunos casos, si tiene hijos y percibe su relación como un kilo de novecientos gramos, puede mantenerse en ese estado hasta que considera que se dan las condiciones para separarse sin desestabilizar en exceso a la familia.

Por suerte para ella, y puesto que es capaz de aceptar superadoramente su realidad, no suele precipitarse en sus decisiones y sabe relacionarse de forma adaptativa con los hombres. Por eso no proyecta en ellos cualidades que no poseen ni defectos que no ve, lo cual le evita el peligro de caer en la reactividad y casi siempre le permite evolucionar hacia las variantes constructivas de supermujer.

Pronóstico amoroso
Precisamente porque se ha situado en una posición equidistante entre la declinación negativa y la evolución positiva, su pronóstico amoroso suele ser favorable porque su futuro se concreta en una de estas tres posibilidades:

1. Llevar bien una relación de pareja relativamente insatisfactoria (kilo de novecientos gramos) gracias a su grado de realización y madurez personal.
2. Convertirse en una mujer autosuficiente y mantener relaciones amorosas desde la autonomía sin que impliquen convivencia.
3. Evolucionar hacia la variante facilitadora porque cree que esa posición es la más rentable ya que incrementa las posibilidades de encontrar hombres que puedan convertirse en pareja adecuada.

En definitiva, la supermujer conformada no solo es la variante más frecuente del síndrome sino también la que presenta mejor pronóstico evolutivo, puesto que está facultada para aceptar su estado y, a la vez, está en condiciones de reconvertir su situación en alguna de las otras formulaciones más satisfactorias. De hecho, repasando la biografía de muchas de ellas, encontramos periodos en los que alternan su situación con la de autosuficiente o facilitadora, ya que en cada una de esas claves pueden sentirse perfectamente realizadas como personas.

La conclusión más clara que he podido extraer del seguimiento de su evolución es que, comparándola con la de las otras variantes, es la más fácil de superar, lo cual la hace la menos nociva tanto para ellas mismas como para los hombres con los que se relacionan en clave amorosa.

LA SUPERMUJER REACTIVA

Tomando como base lo que acabo de decir sobre la supermujer conformada, podría resumir que la reactiva es todo lo contrario. Si aquella personaliza la versión más leve y con mejor pronóstico del síndrome, esta sufre la más grave y de peor pronóstico. Tanto es así que cuando su perfil se cronifica no solo la condena a la soledad amorosa sino que además corre el riesgo de neurotizarse y dedicarse a castigar a los hombres en general, porque no encuentra uno en particular que sea como ella cree merecer.

Hasta tal punto su comportamiento resulta nefasto para sí misma y para los hombres con los que se relaciona, que sería útil averiguar si una conducta como la descrita permite calificar a su protagonista como «supermujer» cuando en el perfil global las describo a todas con un conjunto de virtudes que rozan la excelencia. Y la respuesta que me doy, después de valorar con detenimiento los casos tratados, es que –aunque pueda parecer paradójico– todas ellas eran supermujeres en el más amplio sentido de la definición operativa que he dado del concepto y curiosamente todas ellas estaban situadas en la franja más alta de la autoevaluación de la seguridad.

Tal evidencia, y puesto que en lo relativo a los valores personales y grado de madurez no habían diferencias relevantes con respecto al conjunto de la muestra, es la que me hizo investigar cuáles podían ser las causas de la reactividad que mostraban hacia sus parejas en particular o hacia los hombres en general. Y profundizando en su biografía llegué a la conclusión de que todas compartían una historia personal caracterizada por un déficit afectivo infantil y unos conflictos de pareja que hacían comprensibles sus comportamientos defensivos destinados a evitar un sufrimiento similar al que ya habían padecido. Ahí radica la principal etiología de la variante reactiva del síndrome: *mujeres que han alcanzado la excelencia no solo porque sus cualidades lo permitían, sino porque además necesitaban superar sus problemas de autoestima.*

Esa doble motivación es la que explica por qué siendo guapas, inteligentes y maduras no tienen suerte en el amor, puesto que por un lado sienten la necesidad de atraer a los hombres y por otro no pueden evitar afirmarse competitivamente ante ellos. Y hacen tan bien lo segundo que a veces imposibilitan lo primero.

Pronóstico amoroso
Está claro que, con lo que acabo de decir, sus posibilidades de encontrar una pareja «adecuada», en el sentido de poseer rasgos que despierten su interés, presenta una doble dificultad, ya que a ellas les cuesta reconocer la excelencia masculina y a los hombres excelentes no les gusta implicarse en relaciones donde van a sentirse cuestionados con frecuencia.

Por eso es la variante más neurótica y más neurotizante del síndrome, puesto que la supermujer reactiva encuentra injusto no tener pareja y hace sufrir a sus parejas cuando las tiene.

Con esos condicionantes es comprensible que su biografía amorosa no resulte demasiado estable, puesto que alterna épocas de relaciones tormentosas con otras en las que exhibe orgullosa su soledad. Lo malo de tal comportamiento es que corren el riesgo de empezar a actuar según el modelo tradicional masculino y algunas de ellas utilizan a los hombres como meros sujetos sexuales, lo cual curiosamente ni siquiera les garantiza el disfrute, porque su propia desinhibición puede provocar en el varón miedo al desempeño, sentimiento de tarea o incluso impotencia psicógena.

En definitiva, el pronóstico de la supermujer reactiva no es bueno ni para encontrar parejas adecuadas ni para tener amantes de calidad, lo cual se convierte en un factor de riesgo que puede llevarlas a una subvariante de su condición que se alcanza por cronificación.

LA SUPERMUJER CASTRADORA

Son pocas pero hacen y se hacen mucho daño psicológico, puesto que la frustración amorosa que sienten les genera una notable ambivalencia hacia los hombres. Su parte sexual les necesita pero su parte neurotizada quiere castigarlos y la solución que encuentran, para satisfacer ambas necesidades, es el clásico «usar y tirar» en versión femenina. Por tanto, cuando encuentran un buen amante lo aprovechan pero le hacen sentir que solo sirve para «eso» o que no es tan bueno como se cree. Y cuando el hombre por falta de confianza en sus posibilidades, o por la actitud demandante de ella, no funciona a su satisfacción se lo dice de forma inmisericorde hasta lograr que se acompleje o haciendo que se aleje, ya que por ambas vías puede seguir afirmándose en su tesis de que ella vale mucho y los hombres valen poco.

Lo malo de ese proceder es que genera profecías autocumplidoras negativas, puesto que su actitud hacia los hombres potencia, en ellos, los defectos que les critica. De esa manera convierte en cierta su creencia de que nunca encontrará hombres adecuados, cuando en realidad ha sido ella la que ha creado las condiciones que imposibilitan las relaciones amorosas constructivas.

Por fortuna ya he dicho que supermujeres castradoras hay muy pocas porque cuando se instalan en ese perfil dejan de poseer el grado de madurez que las hace dignas del superlativo. Siguen siendo exitosas y de buena posición económica, pero en cierto modo dejan de ser supermujeres porque su conducta castrante les resta congruencia y les añade neuroticismo. Eso es exactamente lo que le ocurrió a Mercedes, una mujer tan bella, con tantos valores y tanto patrimonio que sus muchas virtudes se convirtieron en su mayor defecto.

EL CASO DE LA MILLONARIA EXIGENTE

Mercedes es de las pocas personas que se ha valorado con un 8 o un 9 en los cuatro factores de la seguridad, y aparentemente esa era la puntuación que le correspondía. En el fondo, la razón por la cual acudía a la consulta era que no entendía por qué valiendo lo que valía y teniendo lo que tenía, no encontraba al hombre que quería.

Su historia amorosa consistía en un matrimonio sin hijos que había acabado hacía diez años y tres relaciones posteriores que no llegaron a consolidarse.

Lo primero que hicimos fue repasar su biografía amorosa para intentar entender lo que había ocurrido y descubrió que con todas sus parejas había estado «bien», pero a todas las había dejado. Llegados a este punto le sugerí que reflexionara sobre el particular y que en la próxima consulta hablaríamos al respecto.

Para abreviar el relato diré que las visitas posteriores no fueron una, ni dos, sino siete y durante ese proceso Mercedes descubrió varias cosas que le resultaron útiles y que también puede serlo para muchas otras mujeres. Por eso las voy a resumir de forma sistematizada:

1. Se dio cuenta de que dejaba a los hombres justo después de descubrir que ellos se estaban cansando de la relación. Por tanto, dejaba antes de ser dejada.

2. Ellos se cansaban porque después de una primera fase, en que su ego se sentía satisfecho por relacionarse con una supermujer, empezaban a sufrir el estrés de intentar estar a la altura de su ritmo de vida y nivel de exigencia.

3. Aportaba poco a las relaciones porque consideraba que para los hombres ya era suficiente premio que ella quisiera estar con ellos.

El resultado final de ese proceso de autoanálisis que le permitió tomar conciencia de las razones por las cuales sus relaciones amorosas no se consolidaban no fue el de autocriticarse para mejorarse, sino el de llegar a la conclusión de que sus muchas virtudes hacía muy difícil que pudiera encontrar hombres dignos de ella, con lo cual siguió cronificando su modelo narcisista de relación que la hacía deseable de entrada pero insoportable después.

Todo lo que acabo de decir sobre Mercedes les va a servir de poco a las mujeres castradoras porque ellas mismas tienen dificultades para identificarse como tales y además la mayoría no suelen acudir a terapia, o si lo hacen no pasan de una primera o segunda consulta. Por eso, y sin perder la esperanza de que puedan identificarse con el perfil y decidan evolucionar, está claro que las principales beneficiarias de este apartado van a ser las supermujeres conformadas y las reactivas, puesto que lo argumentado les servirá para evitar los errores que podrían convertirlas en castradoras. De todos modos y como nunca es tarde para rectificar, en el próximo capítulo les hablaré de los distintos factores de riesgo que conducen al síndrome, porque cuanto mejor los conozcan más fácil les resultará evitarlos.

LOS FACTORES DE RIESGO

Cuando mi ayudante es un hombre,
todo el mundo piensa que él es mi jefe.
Dianne Tammes

De igual manera que la condición de supermujer difícilmente se adquiere antes de los 40 años porque la excelencia y la madurez son procesos de lenta gestación, sería un error pensar que el síndrome nace por generación espontánea. Es evidente que ninguna supermujer se acuesta por la noche satisfecha de su realidad y se levanta por la mañana descubriendo que tiene el síndrome, porque no se trata de algo que aparece de forma repentina sino de algo que se produce como consecuencia de las carencias y desengaños amorosos acumulados durante años.

En otras palabras, por muchas que sean sus virtudes, a los 20 o 30 años de edad una mujer no puede ser supermujer ni padecer el síndrome porque necesita que le ocurran ciertas cosas durante algún tiempo. Por tanto, son las vicisitudes propias del desarrollo de su proceso vital las que le permiten tomar conciencia del efecto paradójico que tiene su excelencia sobre sus posibilidades y expectativas amorosas.

Para que se hagan una idea de la cronología psicoevolutiva de ese proceso les he preparado un cuadro que resume las distintas etapas que conducen a ciertas mujeres a desarrollar la propiedad de supermujeres.

Edad	Proceso de desarrollo vital de las supermujeres
20 a 30 años	Toma de conciencia de sus valores, virtudes y atractivo. Fase de experimentación sexual y primeras relaciones de pareja.
30 a 40 años	Éxito profesional, consolidación de la seguridad y asimilación de la excelencia. Desengaños y/o insatisfacciones amorosas.
Más de 40 años	Riesgo de caer en el síndrome según concurran y se gestionen los factores de riesgo que lo provocan.

Figura 9. Cuadro resumen del proceso de desarrollo vital de las supermujeres.

Situando, pues, en la edad madura el punto de inflexión a partir del cual la supermujer corre el riesgo de padecer el síndrome y puesto que por fortuna no todas lo desarrollan, lo relevante es averiguar qué es lo que hace que este aparezca, porque conociendo las causas podremos revertir las consecuencias.

En ese sentido y analizando no solo el comportamiento de la muestra estudiada, sino el de muchas otras mujeres que habían acudido anteriormente a mi consulta con problemas similares, he llegado a la conclusión de que los cuatro principales factores de riesgo que provocan el síndrome son: *la presión social a emparejarse, el fatalismo estadístico, la busca compulsiva* y *bajar el listón.* Aunque en cierto modo, más que cuatro factores distintos son fenómenos encadenados que se refuerzan unos a otros hasta encerrar a la supermujer en una trampa circular de la que no siempre puede salir. Y como la mejor terapia es la prevención voy a hablarles de todos ellos empezando por el más amplio y general.

LA PRESIÓN SOCIAL A EMPAREJARSE

Al llegar a los 40 años la presión que sufren las mujeres, en relación a emparejarse, es tanto para entrar como para salir, puesto que el número de amigas que ya están divorciadas es considerable pero, como ellas mismas dicen, «no es lo mismo querer salir que no haber entrado» y en cierto modo tienen razón. Tal como están las cosas en nuestro modelo de sociedad, cuando se alcanza la cuarentena resulta más extraño no haber estado emparejado que haberse separado. Por tanto, y de acuerdo con las convenciones al uso, la mayoría de las mujeres prefieren quejarse de los maridos que han tenido que lamentarse de su soltería, porque desde un punto de vista sociológico todos aceptamos que existen unas inercias a las que es más difícil resistirse que obedecer. Y como «lo normal» es casarse y tener hijos, aunque actualmente se puedan tener hijos sin pareja e incluso sin sexo, la mayoría de las supermujeres se programan a sí mismas para ser «buenas» en todo. No les basta con tener éxito social, profesional y económico, sino que también quieren «triunfar» en el amor, aunque empiezan a intuir que en ese ámbito su excelencia personal más que una ventaja es un inconveniente. Es en esa encrucijada de amigas que se separan, se juntan, y se vuelven a separar, cuando les resulta muy difícil abstraerse a la norma general, no escrita, que dice que lo que «toca» es tener pareja y que quien no la tiene no podrá ser «completamente» feliz. Cuando esa idea se incardina en su mente los otros factores de riesgo aparecen en el horizonte, aunque no siempre juntos ni en el mismo orden.

Lo habitual es caer primero en el fatalismo estadístico, luego iniciar una busca compulsiva y por último intentar bajar el listón. Pero como esa secuencia probable puede ser evitable si la persona es consciente de la existencia de tales trampas psicológicas, voy a tratar de definirlas para que les resulte más fácil combatirlas.

EL FATALISMO ESTADÍSTICO

Dicen que las matemáticas no fallan y que dos y dos son cuatro aquí y en Sebastopol. Por tanto, y de acuerdo con el doble principio de aspiración femenina y limitación masculina, al que me he referido en el capítulo 2, es comprensible que las supermujeres lleguen a la conclusión de que el número de hombres disponibles para ellas es manifiestamente insuficiente. En consecuencia, aplicando una elemental lógica aritmética, pronto se dan cuenta de que (según su propia expresión) «el mercado está muy mal». Incluso algunas se atreven a preguntar ¿dónde están los hombres que valen la pena? Y mi función consiste en hacerles ver que la mayoría de esos hombres no están en el «mercado» o cuando lo están es de manera transitoria, excepto aquellos que han sufrido experiencias amorosas dolorosas y prefieren darse un tiempo para que cicatricen las heridas.

Esa es la realidad estadística que las induce al fatalismo: cuatro de cada cinco supermujeres deberá asumir que sus expectativas amorosas quedarán parcialmente defraudadas. Y ante ese panorama decepcionante, unas reaccionan de forma posibilista y se quedan con un amor de novecientos gramos y otras empiezan a tomar conciencia de que en el mundo de los hombres no solo «la muerte tenía un precio», como ya advertía la famosa película de Sergio Leone, sino que la excelencia femenina también se paga cara en monedas de soledad. Pero como la soledad no es buena compañía y solo se lleva bien cuando es voluntaria, es natural que la mayoría de las supermujeres empiecen a movilizarse para encontrar pareja y es en esos momentos cuando suelen acudir en busca de consejo psicológico.

Cuando me consultan al respecto aplico un protocolo que empieza por ponderar los pros y los contras de las seis vías que ofrece nuestra sociedad para crear situaciones de las que puedan surgir relaciones, y como he podido acumular una información exhaustiva al respecto, les resumiré mis conclusiones sobre la utilidad de cada uno de esos caminos empezando por el más genérico y actual.

Las redes sociales

Por esa vía la supermujer encontrará infinidad de hombres que se interesarán por ella y de momento tendrá un refuerzo narcisista a su atractivo. El problema empezará cuando conozca personalmente a alguno de esos hombres, porque casi nunca la presencia está a la altura de lo anunciado ya que es habitual que muchos de ellos escondan los años que tienen y resalten méritos que no tienen. A pesar de lo que acabo de decir, también puedo afirmarles que alrededor del 20% de esos contactos pasan la «prueba del algodón» del encuentro directo y de ellos surgen parejas perfectamente sintónicas que después de cinco e incluso diez años mantienen una convivencia armónica de alta calidad.

De acuerdo con lo dicho, y para resumir mi criterio al respecto, me permito afirmar que las redes sociales pueden ser una buena vía para generar contactos de los que pueden surgir relaciones amorosas armónicas siempre y cuando, al conocer a la persona, se apliquen los mismos criterios de selección que se utilizan en los otros cinco medios tradicionales, por eso conviene valorar las limitaciones y posibilidades de cada uno de ellos.

Los cinco dedos de la mano de la socialización

Utilizo la metáfora de la mano para referirme a las vías que tenemos a nuestro alcance para ampliar el círculo de relaciones, porque de la misma manera que es cierto que cada dedo contribuye a la operatividad conjunta de la mano, también es cierto que cada uno de los cinco cauces sociales que facilitan las relaciones interpersonales no se excluyen unos a otros, sino que *todos* facilitan la posibilidad de conocer personas que puedan estar dispuestas y disponibles para establecer relaciones amorosas. Aunque siendo más preciso quizá debería decir relaciones sexuales, ya que en la actualidad es rarísimo que una pareja se constituya como tal sin haber pasado previamente por una fase de conocimiento íntimo que resulte gratificante para sus componentes.

Pero como para tener sexo se supone que antes las personas han de gustarse, las supermujeres conscientes de las limitaciones que les impone su selectivo criterio de elección, intentan ampliar los cauces a través de los cuales pueden encontrar hombres interesantes. Y es en esa fase cuando –en consulta– se valora la mejor forma de utilizar el tiempo libre y hasta qué punto conviene introducir alguna modificación estratégica porque, como se preguntan y me preguntan muchas de ellas, en un cierto tono de desesperanza: «Dígame usted dónde están los hombres aparte de en los campos de fútbol». Y a veces, después de este tipo de comentarios, es cuando puede resultar procedente hacer un balance del estado de su situación –en los cinco dedos de la mano de la socialización– para ver el margen que tienen, en cada uno de ellos, para introducir cambios o incorporar novedades.

Suele ser en esos momentos cuando reflexionamos sobre las actitudes y conductas que han caracterizado su forma de socializarse y fijamos un estilo de relación que priorice la atención activa dentro de un ambiente lúdico en detrimento de la busca compulsiva. La idea es que, en lugar de adoptar un comportamiento sacrificado para intentar encontrar supuestos hombres interesantes, se incorporen a un estilo de vida gratificante del que puedan surgir contactos adecuados.

Por tanto, y aunque todas las personas tienen a su disposición varios ámbitos sociales donde pueden encontrar personas con intereses coincidentes, está claro que una cosa es coincidir y otra muy distinta simpatizar lo suficiente como para que esa relación pueda generar amor, porque ni todos esos caminos interesan a las supermujeres ni todos los hombres que transitan por ellos les van a gustar. Por eso es importante que la elección de sus prioridades lúdicas esté más relacionada con sus propios intereses que con la hipotética posibilidad de conocer hombres interesantes.

En definitiva, lo que les recomiendo es que además de las relaciones que puedan cultivar con los compañeros de trabajo y los amigos, que son las más asequibles, exploren también otros ámbitos de socialización que no formen parte de su estilo de vida habitual, aunque naturalmente deben estar relacionados con sus preferencias y despertarles un interés lúdico. En ese sentido tienen, como mínimo, cinco cauces que son fácilmente transitables:

- Bailes, restaurantes y bares de moda.
- Clubs de separados y agencias de relaciones.
- Clubs deportivos y gimnasios.
- Actividades artísticas y culturales.
- Actividades benéficas y políticas.

Es evidente que todos ellos están al alcance de la mano de cualquier supermujer que se lo proponga. Basta con que esté dispuesta a gastar el dinero suficiente y podrá frecuentar sin ningún problema los locales de moda, los clubs de élite y tantas actividades artísticas, culturales, benéficas y políticas como el cuerpo aguante, aunque si no se dosifica, en lugar de encontrar pareja, acabará estresada y deprimida porque se encontrará instalada en el segundo factor de riesgo y tendrá el peligro de caer en el tercero.

EN BUSCA DEL HOMBRE ADECUADO

A pesar de que un aserto feminista dice «que hay que besar a muchos sapos para encontrar al príncipe», yo les puedo asegurar, desde la lógica psicológica y la evidencia clínica, que lo más frecuente es que ocurra lo contrario. Cuando una mujer cree que la calidad debe buscarla entre la cantidad, corre el riesgo de perder la capacidad de discriminar ya que la saturación la induce a considerar que todos los hombres son sapos.

Por tanto, a todas las supermujeres que deseen mejorar sus posibilidades de encontrar al príncipe les recomiendo que, en lugar de colapsarse empleando su tiempo y energía en eventos sociales varios, hagan todo lo contrario y empiecen a seleccionar lo que en realidad les resulta gratificante sin tener demasiado en cuenta su expectativa amorosa, porque como me decía el otro día una supermujer que acababa de asistir a un taller de fin de semana para personas separadas: «Me encontré con dieciséis mujeres y dos hombres, y en lugar de animarme me di cuenta de lo mal que está la cosa». Y lo que sirve para los talleres de autoayuda, sirve también para las vacaciones, los cursos de idiomas, los clubs deportivos o cualquier otro tipo de actividad lúdica. No vayan a los sitios para conocer hombres interesantes porque lo más probable es que queden defraudadas del resultado. De hecho, lo único que resulta productivo, en ese sentido, es dedicar el tiempo libre a actividades estimulantes y enriquecedoras porque estarán creando las situaciones de las que surgen las ocasiones que generan las relaciones.

En definitiva y como resumen, quizá deban quedarse con la idea de que *quien busca compulsivamente no encuentra lo que busca*. Tengan en cuenta esta reflexión y podrán evitar caer en el cuarto factor de riesgo que posibilita la emergencia del síndrome.

BAJAR EL LISTÓN

El razonamiento psicológico que induce a algunas supermujeres a bajar su nivel de selección, para tener más posibilidades de encontrar pareja, es más o menos el siguiente:

> Quizá sea cierto que los hombres están descolocados y que todavía no han asimilado nuestra evolución. Por tanto, voy a intentar ser menos selectiva.

No cabe duda de que este tipo de diálogo interior crea las condiciones para que la mujer que lo realiza mejore su disposición relacional y que al ser menos exigente le resulte más fácil encontrar pareja. Pero como una cosa es «encontrar» y otra quedarse con ella, resulta que a los pocos meses de aplicar la consigna, la mayoría de supermujeres se lamentan de haber pasado por cuatro o cinco intentos fallidos de establecer un vínculo amoroso satisfactorio porque, como describen muy gráficamente, «cuando intentas bajar el listón el listón se rebota». Por eso, quiero mostrarles mi agradecimiento por la información facilitada, que es la que me permite asegurar que el sistema no funciona, porque todas las que han intentado bajar el listón, no solo se han frustrado con cada iniciativa sino que han completado el viaje que conduce al síndrome, según resumo en la siguiente tabla:

Factores de riesgo	Comportamientos correlacionados
Presión social a emparejarse	Iniciativas para ampliar el círculo de relaciones
Fatalismo estadístico	Ambivalencia ante las iniciativas emprendidas y toma de conciencia de la dificultad
Busca del hombre adecuado	Cansancio psicofísico cuando el esfuerzo resulta infructuoso
Bajar el listón	Error frecuente y principal desencadenante del síndrome
Resultado final	Síndrome de las supermujeres

Figura 10. Esquema de las correlaciones entre los factores de riesgo y los comportamientos que conducen al síndrome.

Como puede desprenderse de esa concatenación de comportamientos, la conjunción en grado suficiente de los dos últimos factores en un tiempo breve (que suele ser de seis meses a un año) es el que genera este nuevo síndrome que, por las razones expuestas en los capítulos anteriores, solo puede afectar a las supermujeres, aunque por fortuna no a todas, ya que son muchas las que habiendo caído en el fatalismo estadístico y en la busca «acelerada» se dan cuenta que limitar sus aspiraciones sería el error definitivo que podría conducirlas a reproducir una relación insuficiente parecida a la que en el capítulo 5 he definido como el kilo de novecientos gramos.

Por tanto, como bajar el listón no sirve casi nunca para encontrar hombres adecuados, porque lo que provoca casi siempre es estrés y frustración, les recomiendo que se relajen y eviten ese paso, porque entonces puede ocurrir que el listón baje solo y se encuentren con la agradable sorpresa de que, por debajo de la altura deseada, también puede encontrarse el amor, como le ocurrió a una alta directiva de una importante multinacional.

> **EL CASO DE LA DIRECTORA GENERAL QUE SE ENAMORÓ DE SU CHÓFER**
>
> Ángeles tenía cincuenta años, un hijo adolescente, y hacía siete años que se había divorciado. Desde entonces había mantenido cuatro relaciones amorosas, que no resultaron lo suficientemente válidas como para decidirse a convivir, y se encontraba en una etapa de su vida en la que sus principales amores eran su hijo y su trabajo.
>
> Vino a consultarme porque empezaba a sentirse atraída por un empleado de la empresa que, cuando era necesario, le hacía de chófer en algunos desplazamientos ocasionales. De hecho, el motivo de su preocupación era el debate interno que le generaba su sentimiento, puesto que llegó a decir: ¿Cómo puede ser que me guste un hombre al que conozco poco y con el que apenas hablo?
>
> Además, y como según dijo, el sujeto tampoco destacaba por su simpatía, la primera hipótesis que nos planteamos fue

que la atracción tuviera más que ver con su propia necesidad afectiva que con los valores del hombre en el que había fijado su atención. Por eso, y después de reflexionar al respecto, la primera consigna terapéutica fue que se dedicara a averiguar las posibles motivaciones de su interés.

En la segunda consulta ya tenía bastante claro lo que le estaba ocurriendo y acertó a verbalizar que «se encontraba cómoda porque no se obligaba a hablar con él y la conversación fluía de forma natural». Con ese comentario vimos que podía darse el segundo requisito necesario para que se produzca el enamoramiento, que por si no lo recuerdan es «la comodidad relacional», y convinimos que el siguiente paso podría consistir en aprovechar su próximo cumpleaños para crear una situación que le permitiera incrementar el contacto personal en una clave menos jerarquizada.

Para abreviar el relato y resumir el proceso, les diré que le invitó a un café y a partir de entonces empezaron a salir informalmente. Al cabo de seis meses, y después de un seguimiento terapéutico de ocho sesiones, la directora general había descubierto, en su chófer, a un hombre inteligente, maduro y bueno que por azares de la vida desarrollaba una actividad profesional que estaba por debajo de su capacidad y formación. Así fue como, gracias a no forzar un proceso, se conocieron e intimaron lo suficiente como para comprometerse en un vínculo amoroso que les llevó a convertirse en pareja estable.

Acabo de relatar un caso todavía minoritario, pero cada vez más frecuente relacionado con la consolidación de relaciones en las que de entrada no se da la admiración de la mujer hacia el hombre sino en la que, por el contrario, la mujer debe salvar el prejuicio inicial de relacionarse con un hombre situado en una jerarquía inferior; lo cual, ya he repetido varias veces, genera la doble dificultad de que deben ser ambos los que actúen con altura de miras y por encima de las convenciones.

Ángeles es un ejemplo a seguir y el de su chófer también, por eso los cito. Ellos pueden servir de estímulo a otras mujeres para que, en lugar de bajar el listón que siempre se rebota, sepan permanecer atentas a la realidad que las circunda y aprendan a revisar sus prejuicios para dar una oportunidad al amor cuando encuentran a un hombre que aunque esté situado en un rango inferior (ya sea profesional, social, económico o cultural) es capaz de despertar su interés. Porque, si algo tengo claro con respecto al futuro de las parejas, es que el amor más interesante es el amor desinteresado y que lo importante para que el vínculo funcione es que las personas que lo constituyen tengan la suficiente madurez personal y la adecuada sintonía emocional. Solo de esa manera podremos conseguir que las supermujeres no paguen un tributo amoroso por su éxito personal y que las que ya han caído en el síndrome puedan salir de él.

8

CÓMO SUPERAR EL SÍNDROME

Las mujeres desconfían demasiado de los hombres en general y demasiado poco en particular.
Ralph W. Emerson

Está claro que para salir de un lugar puede resultar útil saber cómo hemos llegado a él. Y puesto que estamos hablando de un síndrome que se desarrolla de forma progresiva, el primer ejercicio que deberá hacer la supermujer es detectar en qué fase del proceso se encuentra, ya que no es lo mismo descubrir que está reflexionando sobre el fatalismo estadístico que caer en una depresión al darse cuenta –por enésima vez– que el príncipe azul es en realidad un sapo disfrazado.

Por tanto, lo prioritario –para cada supermujer– es determinar en cuál de las cuatro fases se encuentra y hasta qué punto el manejo de la misma es realista. Por ejemplo: reconocer la dificultad de encontrar hombres adecuados y en función de ello, ampliar el círculo de relaciones y mostrarse más receptiva, sería una respuesta adaptativa. En cambio, si el reconocimiento de la dificultad llevara a modificar radicalmente el estilo de vida, con el único objetivo de encontrar pareja, no solo sería una decisión arrriesgada, sino que además resultaría altamente neurotizante.

Así pues, antes de pasar a la acción les recomiendo un poco de reflexión, porque como reza un viejo refrán castellano: «Las prisas son malas consejeras», y en cuestiones relacionadas con el amor no solo estoy de acuerdo con ese aserto de la sabiduría popular, sino que además me permito añadir que quien va muy deprisa no solo tiene un mayor riesgo de tropezar, sino que suele hacerse más daño cuando cae.

Esa es la razón por la cual suelo recomendar a mis clientas que para resolver el problema, en lugar de precipitarse en la acción, dediquen un cierto tiempo a la reflexión para que les queden claras cuatro cosas:

- ¿Dónde están?
- ¿Hacia dónde quieren ir?
- ¿Qué peligros encierra el camino?
- ¿Qué energía, fuerza y habilidad tienen para recorrerlo?

Para que puedan contestar a las cuatro preguntas con las máximas garantías de precisión y sin autoengañarse creo que ha llegado la hora de que les hable del sistema PAN, porque de todos los métodos que conozco de dialogar con uno mismo y con los demás, es el más fácil de explicar y de aprender. Por eso resulta de gran utilidad tanto para clarificar las contradicciones internas como para favorecer relaciones interpersonales de calidad.

EL SISTEMA PAN
Y EL COMPORTAMIENTO

Para orientar adecuadamente el comportamiento, para ganar seguridad, para resolver contradicciones y en definitiva para contestar de forma fiable las cuatro preguntas que planteo a las supermujeres, o las que podamos formularnos cualquiera de nosotros sobre lo que nos conviene hacer en una determinada situación, les voy a proponer una fórmula infalible:

Aprendan a utilizar el sistema PAN.

Para ello, lo primero que necesitan conocer es el significado del acrónimo. PAN son las iniciales de las tres partes psicológicas que determinan el comportamiento: *el Padre, el Adulto y el Niño*. Cada una de ellas cumple una función y tiene unas determinadas prioridades que intentaré sintetizar:

- El *Padre* es la parte que nos induce a actuar de acuerdo con las convenciones, leyes y costumbres de la sociedad a la que pertenecemos.

- El *Adulto* es la parte que actúa de intermediario para intentar conciliar las normas que impone el Padre con las necesidades que tiene el Niño.

- Y el *Niño* es la parte instintiva y su impulso básico es satisfacer sus necesidades sin pensar en las consecuencias.

Para entender lo que simbolizan estas tres partes del Yo, desde un punto de vista más psicoanalítico, podríamos decir que el Padre nos interioriza el sentido del deber, el Adulto intenta actuar desde el principio de realidad, y el Niño se rige por el principio de placer. Sintetizando todos esos datos y para hacer visualmente comprensibles los complejos procesos que intervienen en la orientación del comportamiento, he dibujado el siguiente esquema.

YO

Sentido del deber ↔	**PADRE** ↔	Normas sociales interiorizadas
Principio de realidad ↔	**ADULTO** ↔	Información del mundo externo y conciliación entre las necesidades del Niño y las normas del Padre
Principio de placer ↔	**NIÑO** ↔	Satisfacción de las necesidades instintivas

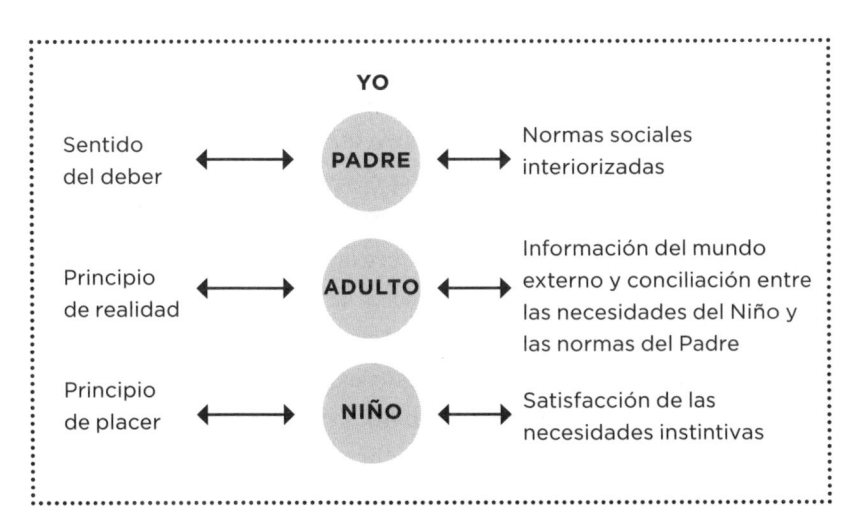

Figura 11. Esquema del funcionamiento psicológico que determina el comportamiento.

De acuerdo con este modelo explicativo, podríamos decir que nuestras tendencias del comportamiento son el resultado de las transacciones internas que se producen entre el Padre, el Adulto y el Niño, según los siguientes indicadores: si en la conducta predomina el Padre seremos unos reprimidos que por hacer siempre lo que debemos nunca haremos lo que queremos. Si predomina el Niño, seremos unos inmaduros que por hacer siempre lo que queremos nunca haremos lo que debemos. Pero si logramos desarrollar el Adulto, nos convertiremos en personas maduras y equilibradas, porque conseguiremos armonizar las demandas que recibimos del Niño con las limitaciones que nos aconseja el Padre.

Esta forma tan sencilla de explicar el comportamiento la creó Eric Berne en 1958 y es la que les enseño a las supermujeres porque, una vez entendido el funcionamiento del sistema, quedan en óptimas condiciones de hablar consigo mismas para que su Padre, su Adulto y su Niña mantengan un diálogo interior y respondan de forma razonada y razonable a una cuestión esencial que, evidentemente, no será la misma para las que están viviendo en singular, que para las que conviven en pareja.

Pregunta esencial para supermujeres aparejadas

¿Quiero mejorar la relación o quiero darla por acabada?
Cuando decidan en un sentido o en el otro, ya se habrán contestado a las dos primeras preguntas de las cuatro que he planteado al iniciar el capítulo y entonces es cuando será procedente analizar las dificultades del camino y valorar la energía, la fuerza y la habilidad que poseen para avanzar, porque no es lo mismo tener recursos económicos y una red de apoyo emocional, que arriesgarse a pasar el desierto de la soledad sin ningún tipo de ayuda.

Ahora bien, de la misma manera que les estoy sugiriendo que no se precipiten en dejar a su pareja cuando noten que les faltan fuerzas o no encuentran una alternativa viable, tampoco les recomiendo que aguanten indefinidamente una relación que las empobrece. Tengan presente que son supermujeres porque han sido capaces de aprender de lo vivido y asumen de forma autoconsciente que toda decisión tiene un coste.

Pregunta esencial para supermujeres que no tienen pareja

¿Quiero llevar mejor mi situación o necesito encontrar pareja? Así como a las supermujeres aparejadas la pregunta las sitúa ante una decisión crucial que no siempre es fácil de tomar, en este segundo caso el interrogante plantea una falsa dicotomía porque, por suerte, lo mejor que puede hacer una persona para encontrar pareja es llevar bien la situación de no tenerla. Recuerden que cuanto mejor estén con ustedes mismas, en mejores condiciones estarán de responder a las cuatro preguntas que les ayudarán a resolver el síndrome, porque lo harán en términos parecidos a los siguientes:

¿Dónde estoy?
En compañía de mí misma y aceptando superadoramente mi realidad.

¿Hacia dónde quiero ir?
Hacia situaciones que favorezcan ocasiones de iniciar nuevas relaciones que ilusionen a mi Niña.

¿Qué peligros encierra el camino?
Pocos, si actúo desde el Adulto haciendo caso a lo que me recomienda mi Padre.

¿Qué energía, fuerza y habilidad tengo para recorrerlo?
Toda la necesaria puesto que, al actuar desde el Adulto, relaciono fuerza con esfuerzo y aspiraciones con posibilidades.

Cuando una supermujer se contesta de forma semejante, es muy probable que alcance sus objetivos tanto si pretende mejorar la relación, como si opta por dejar a la pareja, aunque desafortunadamente y en coherencia con lo que he dicho hasta el momento, lo que no tiene asegurado es encontrar una pareja mejor.

Esa es la gran dificultad que debe superar la supermujer. Ella es objetivamente deseable, pero eso no le garantiza ser elegida como pareja por la persona que desearía; porque nadie gusta a todas las personas que le gustan, ni a nadie le gustan todas las personas a las que gusta. Y esa regla general adquiere su máxima expresión en el mundo amoroso de las supermujeres, puesto que coincide en ellas la tormenta perfecta que conduce a la soledad: gran atractivo, alto nivel de selección y una muestra reducida de hombres donde pueda darse la coincidencia entre las aspiraciones y las posibilidades recíprocas.

Aceptar esa realidad no es agradable, pero es el primer requisito necesario para evitar el síndrome o salir de él, porque solo puede ser superado aquello que previamente es aceptado. Por eso es importante que tengan muy presente esa imagen de la figura 10, que refleja la «escalera» de bajada que conduce al síndrome, para que puedan evaluar en qué peldaño están, ya que no es lo mismo detenerse en el fatalismo estadístico para superarlo, que llegar a bajar el listón y quedarse en él.

De todos modos e independientemente del nivel en que se encuentren, o del grado de cronificación que hayan alcanzado, quiero que sepan que, tomando como base el sistema PAN, tienen a su disposición un método que no solo las ayudará a superar su estado sino que también es válido para resolver otras encrucijadas vitales. Se trata de aplicar las tres herramientas que utiliza la Terapia Vital para resolver problemas y favorecer procesos. Y como la superación de las conductas inherentes a los distintos factores de riesgo del síndrome van a requerir la incorporación de estrategias superadoras eficaces, nada mejor que informarles de las cosas que pueden hacer para ayudarse a sí mismas.

LA TERAPIA VITAL AL SERVICIO DE LAS SUPERMUJERES

El método que les voy a ofrecer es el que creé hace quince años por evolución progresiva del que utilizaba hasta entonces, que era la psicoterapia centrada en la persona de Carl Rogers. En síntesis, y para que conozcan su esencia, voy a desarrollar los *tres principios básicos* sobre los que fundamento el programa que les propongo, porque si los comparten tendremos la certeza de que el modelo les resultará de utilidad.

El *primero* es de Rogers y dice que los seres humanos tenemos una «tendencia actualizante» que nos orienta de forma natural hacia el mejor desarrollo de nuestras posibilidades. Y el *segundo* y el *tercero* son míos y en ellos afirmo que *en la vida los buenos momentos son para disfrutar y los malos para aprender*, y que no hay que confundir *sufrir con aprender de lo sufrido*. Por eso creé el concepto de *sufrimiento productivo* que luego desarrollaremos.

De momento, quedémonos con la idea de que todos podemos mejorar y que para mejorar hay que positivar el sufrimiento aprendiendo de los malos momentos. Si comparten esa premisa seguro que mi método les aportará un gran beneficio, porque no solo sirve para facilitar amores armónicos sino también para resolver con eficacia todos los demás problemas vitales.

Resumiendo y para que quede claro: si todos podemos mejorar aprendiendo de lo sufrido, es evidente que los fracasos, los desengaños y las frustraciones amorosas pueden convertirse en una fuente de aprendizaje que no solo ayude a liberar el sufrimiento sino que habilite a quien lo hace para gestionar con éxito los amores del futuro. Y para ello, les ofrezco una «receta» compuesta por tres ingredientes naturales que ustedes poseen en su potencial psicológico y que tan pronto les diga cuáles son y cómo funcionan quedarán preparados para utilizarlos con plena eficacia:

- La aceptación superadora
- La inteligencia constructiva
- El sufrimiento productivo

Espero que la denominación que describe cada una de las tres herramientas psicológicas facilite la comprensión de los procesos internos que debe desencadenar y espero también que mi capacidad expositiva permita que este programa de autoayuda cumpla su función.

LA ACEPTACIÓN SUPERADORA

Es la base y a la vez el objetivo final de la *receta* que les presento. Es la base porque sin esa idea clara no podemos adoptar la actitud necesaria para conseguir lo deseado. Y es el objetivo porque desde esa actitud es cuando se adquiere la disposición mental para armonizar los tres instrumentos que permiten alcanzar el objetivo propuesto. Por tanto, y teniendo en cuenta que ya tienen información suficiente para aplicar de forma adecuada el sistema PAN, me permito definir la primera herramienta del cambio de la siguiente manera:

> **ACEPTACIÓN SUPERADORA**
>
> Forma de aceptar la realidad, a partir de la cual la persona decide actuar para influir sobre ella. Para lograrlo el Adulto inicia un *diálogo interior* con el Padre y con el Niño para que este entienda *las renuncias* o *esfuerzos* que tendrá que realizar para modificar las actitudes y conductas que el Adulto considere necesarias para el logro de sus objetivos.

Hecha la definición veamos ahora cómo podemos aplicar sus pautas para prevenir, mitigar e incluso superar el síndrome, partiendo de la base de que cuanto antes la supermujer tome conciencia del escalón en que se encuentra, antes saldrá de la zona de riesgo y mayor beneficio obtendrá del trabajo psicológico.

Los conceptos clave para que la aceptación superadora se convierta en una profecía autocumplidora positiva son las cuatro palabras que aparecen en cursiva en la definición y la disyuntiva que encierran las dos últimas. Y como para elegir entre renuncias o esfuerzos debe entenderse en qué consiste y cómo se utiliza el diálogo interior, voy a definir el concepto tal como lo hago en el Glosario de conceptos básicos de la Terapia Vital.

> **DIÁLOGO INTERIOR**
>
> Intercambio de puntos de vista –entre los tres estados del Yo- orientado a compatibilizar el placer suficiente que necesita el Niño con el deber necesario que recomienda el Padre. Para realizar esa función el Adulto escucha los argumentos del Niño y del Padre y, a su vez, se informa de los referentes de comportamiento del mundo externo que le parecen adecuados para su propio desarrollo. Es por tanto una conversación que, si se realiza bien, permite que la persona gane seguridad y se oriente hacia la madurez porque el Adulto se fortalece gracias a que, con la ayuda del Padre, consigue educar al Niño.

Conocida la definición ahora voy a adaptarla para que les resulte útil a las supermujeres en el ámbito amoroso.

> **DIÁLOGO INTERIOR** (para facilitar una buena elección de pareja)
>
> Intercambio de puntos de vista –entre los tres estados del Yo- orientado a que el Adulto elija un sujeto amoroso que le guste a la Niña y que merezca la aprobación del Padre. Para conseguirlo el Adulto escucha a su corazón y a su cabeza, y además pide consejo a personas cuyo criterio considera fiable. Es, por tanto, una conversación intrapersonal e interpersonal que, si se realiza bien, permite que la elección de pareja sea adecuada porque cuenta con la congruencia del Adulto, la ilusión de la Niña y la conformidad del Padre.

Después de describir su función en la clarificación del sentimiento amoroso y para poner un ejemplo que ayude a su mejor comprensión, veamos cuál podría ser el diálogo interior de una supermujer que se encuentra en el segundo escalón de los factores de riesgo que conducen al síndrome.

> **Adulto:** Realmente es cierto que, por lo que yo misma estoy comprobando, la mayoría de los hombres con los que estoy saliendo no cubren mis expectativas.
> **Niña:** Ya, pero yo tengo mis necesidades, o sea que tendremos que seguir probando.
> **Padre:** Cierto, pero quizá debamos revisar nuestra estrategia y aceptar la realidad estadística. Ya sabes que faltan hombres adecuados.
> **Adulto:** Quizá tengas razón. De hecho me estoy planteando visitar a un psicólogo que trata esas cuestiones.
> **Niña:** El psicólogo no me va a encontrar novio. Lo que tengo que hacer es salir y divertirme. Cuantas más salidas haga más posibilidades tendré.
> **Adulto:** De momento esa estrategia no está funcionando, de hecho tú misma estás perdiendo la ilusión.
> **Niña:** Ya, pero ¿qué otra cosa puedo hacer?
> **Padre:** Quizá, parar un poco y reflexionar sobre las últimas experiencias. A mí no me parece mal la idea del psicólogo.
> **Niña:** Bueno, pero que sea un «coach» de esos que te ayudan a tener éxito sin mucho esfuerzo.

Este sería, un poco parodiado y un mucho simplificado, el diálogo interior de una supermujer que decide buscar ayuda externa porque se da cuenta de que las experiencias últimamente vividas no han tenido el éxito deseado y eso la ha conducido a la disyuntiva entre parar y seguir, o sea entre renuncia o refuerzo. Es en ese momento cuando un nuevo diálogo interior –de segunda generación– debe servir para tomar una decisión crucial sobre si lo que conviene es permitirse un descanso o seguir saliendo. Y al realizar la nueva y más profunda conciliación, la supermujer está ensanchando su campo de conciencia, lo cual le permite llevar mejor su realidad porque la está modificando a través de la aceptación superadora.

El mensaje que pretendo transmitir con estas reflexiones es que ciertamente cada vez que incorpora un nuevo factor de riesgo, la supermujer se está acercando al síndrome, pero también está abriendo la posibilidad de dialogar consigo misma y con el mundo externo (amigos, familiares y terapeutas), con lo cual obtendrá una información que le permitirá realizar una nueva reflexión más fundamentada.

Evidentemente, el diálogo interior, de primera o segunda generación, y las decisiones autoconscientes ulteriores no pueden garantizarle que por esa vía encontrará al hombre adecuado, pero les aseguro que sirve para desandar la escalera que conduce al síndrome y deja a la supermujer con una mejor perspectiva del horizonte amoroso que se abre ante sus ojos. Entonces, desde la tranquilidad emocional que ella misma ha propiciado, queda en óptimas condiciones de utilizar la segunda herramienta psicológica que incrementa las posibilidades de encontrar el amor armónico.

LA INTELIGENCIA CONSTRUCTIVA

Supongo que les sorprenderá que utilice un calificativo para informar de las características de la inteligencia a la que quiero referirme, porque habitualmente el propio concepto suele utilizarse en positivo, ya sea para citar a cualquiera de las siete variantes que propone Gardner, como a la emocional que se inventó Goleman. En cambio, se habla poco de la inteligencia en sentido negativo, aunque por desgracia existe y la utilizamos más de lo debido en forma de inteligencia destructiva.

Para enfatizar la importancia de este preámbulo en relación a cómo debemos utilizar la inteligencia para que facilite la consecución de nuestros objetivos sin que perjudique a los ajenos, veamos cómo tipifico a las distintas «inteligencias» relacionadas con el amor, para que puedan tener claro si lo que significan para mí también es válido para ustedes.

- **Inteligencia.** Facultad psicológica que determina la capacidad de adaptación a un medio hostil y facilita la resolución de situaciones complejas. Utilizada a favor del Adulto permite la maduración personal, pero cuando está al servicio del Niño o del Padre puede conducir a la neurosis.

- **Inteligencia constructiva.** Forma de utilizar la inteligencia en clave de comunicación Adulto-Adulto que hace sentir bien tanto al emisor como al receptor porque resulta enriquecedora para ambos.

- **Inteligencia destructiva.** Forma de utilizar la inteligencia desde una clave de comunicación Padre-Niño que hace sentir inferior al receptor porque el emisor se sitúa en un plano de superioridad.

- **Inteligencia que enamora.** Aquella que dimana de las personas que han desarrollado su Adulto porque han sabido mejorarse al positivar el sufrimiento, gracias a la adecuada utilización de la inteligencia constructiva.

Si les parecen bien estas definiciones, ya se dan las condiciones para explicar, de forma sintética, la importancia que tiene la inteligencia constructiva en las actitudes y comportamientos que permiten superar el síndrome, ya que se trata simplemente de seguir los siguientes pasos:

1. Utilizar la inteligencia para aceptar superadoramente la realidad.
2. Someter esa realidad al diálogo interior para que el Adulto decida lo que conviene hacer.
3. Aplicar la inteligencia constructiva para resolver la situación de la forma más adaptativa posible.

Seguir ese protocolo no solo evita caer en el síndrome sino que también sirve para salir de él, siempre y cuando no se haya cronificado excesivamente, porque entonces es necesaria una intervención psicoterapéutica más profunda. Pero como esos casos son los menos y lo más habitual es que la mayoría de las supermujeres evolucionen favorablemente, vean ustedes el resultado de su aplicación en las 112 mujeres que formaron la muestra.

PERFIL DE LA MUESTRA ESTUDIADA

Tipificación inicial		Evolución	Tipificación final	
Conformadas	47			34
Reactivas	14	Tratamiento (entre 5 y 10 sesiones)		10
Autosuficientes	33			49
Facilitadoras	18			19
Total	**112**		**Total**	**112**

Figura 12. Cuadro resumen de la evolución de las supermujeres que han seguido el protocolo para la superación del síndrome.

Como ven el resultado no solo ha sido bueno para la mayoría de ellas porque han mejorado su disposición relacional y han evolucionado hacia variantes positivas de supermujeres, sino que también beneficia al colectivo masculino, puesto que es evidente que ser una supermujer autosuficiente o facilitadora no es solo rentable para ella porque gana autonomía emocional, sino que además a partir de ese momento su inteligencia constructiva adquiere una nueva cualidad y evoluciona hacia la inteligencia que enamora, porque nada enamora tanto como convertirse en una persona autosuficiente que, por haber positivado sus adversidades, aumenta su madurez.

Claro que eso no se produce solo porque han seguido los pasos que marca el protocolo, sino que –al hacerlo– han desarrollado el más importante de los elementos que contribuye a incrementar el equilibrio interior, porque posee la gran virtud de positivar un fenómeno psicológico, en principio no deseado, pero que es profundamente solidario puesto que es asequible a todas las personas sin distinción de género, edad o estado civil.

EL SUFRIMIENTO PRODUCTIVO

Decir que el sufrimiento puede ser «productivo» parece una consigna dirigida a consolar a «niños» que están sufriendo y de hecho lo es. Pero no se trata de niños que están en la infancia sino de Niños que están en nuestro interior y que influyen en nuestras conductas haciéndonos llegar sus necesidades instintivas. Por tanto, de acuerdo con la terminología que estamos utilizando, el sufrimiento productivo es una actividad que dirige el Adulto, de acuerdo con las consignas que recibe del Padre y del mundo externo, para que el Niño interno deje de sufrir sin caer en comportamientos evasivos que puedan resultar autodestructivos. Pongamos un ejemplo: imaginemos dos posibilidades extremas de reacción en una determinada persona, cuando su pareja le dice que quiere romper la relación porque ha encontrado un nuevo amor.

Comportamiento inmaduro extremo
Matar al informante, matar a su nuevo amor y suicidarse.

Comportamiento maduro extremo
Aceptar la nueva realidad, sufrir productivamente, evitar conductas autodestructivas y resocializarse.

Por suerte, el primer tipo de reacción es muy minoritario y el segundo, por desgracia, también. La mayoría de las personas se mueven en una franja de reacciones intermedias que oscilan, en función de su respectivo grado de madurez, entre la fantasía nunca consumada de llevar a cabo parte de lo relatado en el primer supuesto y el deseo no activado de comportarse de forma óptimamente madura. Y en esa ambivalencia se movía Juan, el protagonista de la siguiente historia.

EL CASO DEL AMOR QUE NACIÓ DEL DESAMOR

Juan ya había empezado la segunda parte del partido de su vida, cuando le marcaron un gol que le dejó noqueado: después de veinticinco años de matrimonio y con dos hijos que ya habían cumplido la mayoría de edad, acababa de divorciarse.

Vino a visitarme porque se enteró de que su exmujer salía con otro hombre y él sospechaba que la relación era anterior al divorcio. De hecho, el motivo de la consulta no era tanto superar la ruptura como luchar contra el deseo de castigar a los dos «ofensores» que en este caso eran su exmujer y el jefe de ella, al que consideraba un seductor sin escrúpulos. Por fortuna tuvo la suerte de verbalizar lo que quería hacer (que no era precisamente felicitarles), lo cual me permitió decirle que antes de tomar cualquier iniciativa al respecto esperara a la próxima consulta.

Por suerte, en tres sesiones conseguimos que su agresividad se atemperara hasta un punto que le llevó a decidir que su venganza consistiría en hablar con la mujer del «jefe seductor» para que ella se diera cuenta de quién era su marido y eso generara en la pareja una crisis semejante a la que él había sufrido.

Efectivamente eso es lo que hizo, y después del primer encuentro vinieron varios más porque descubrió que aquellas conversaciones resultaban balsámicas. El resultado final de esa doble crisis de pareja fue que la exmujer de Juan y su jefe acabaron dejando la relación, mientras que Juan y la esposa del ofensor consolidaron la suya porque estaban tan bien juntos que lo que empezó como un deseo de venganza terminó en una historia de amor.

El caso de Juan es un buen ejemplo de malos pensamientos «bien» canalizados, ya que en lugar de complicar su problema agrediendo a quien él culpabilizaba de que su mujer le abandonara, le permitió aceptar lo sucedido y experimentar en sí mismo la utilidad del sufrimiento productivo. Creo que después de conocer su historia no les resultará difícil entender esta forma de positivar la adversidad y podrán sintonizar perfectamente con la siguiente definición operativa:

> **Sufrimiento productivo**
> Forma de sufrir en virtud de la cual la persona deja de sufrir porque aprende de lo que sufre.

En definitiva, lo importante es entender que *se puede sufrir sin aprender pero que no se puede aprender sin sufrir*. Por tanto, quien aprende de lo que sufre deja de sufrir porque madura y mientras madura crea una espiral de crecimiento que le ayuda a ser mejor. De hecho, toda inercia se alimenta a sí misma y el sufrimiento productivo no es una excepción a esa regla sino su máximo exponente. En el fondo (recuerden la figura 3), la diferencia entre una persona neurótica y una persona madura reside fundamentalmente en su capacidad de positivar el sufrimiento. Por eso, quien aprende de los malos momentos posibilita los buenos; y quien no aprende cronifica su malestar.

Ese es el gran drama y la gran esperanza del sufrimiento humano que plantea una gran pregunta existencial: vamos a decirnos a nosotros mismos que *todo lo que no nos mata nos fortalece* como hacía Nietzche, o vamos a dejar que nuestro bienestar dependa de que los demás nos quieran o nos dejen de querer.

A ustedes les toca decidir, yo por descontado les recomiendo el camino que, desde la aceptación superadora y gracias a la inteligencia constructiva, permite realizar el diálogo interior y las conductas de autoafirmación que tornan productivo el sufrimiento y conducen a la persona desde la inseguridad a la seguridad, en un proceso en el que los tres elementos principales de mi fórmula de automejoramiento se alimentan entre sí, haciendo que la persona experimente una de las sensaciones más plenas y placenteras que puede vivir el ser humano: *sentirse dueño de su destino y el principal responsable de su felicidad.*

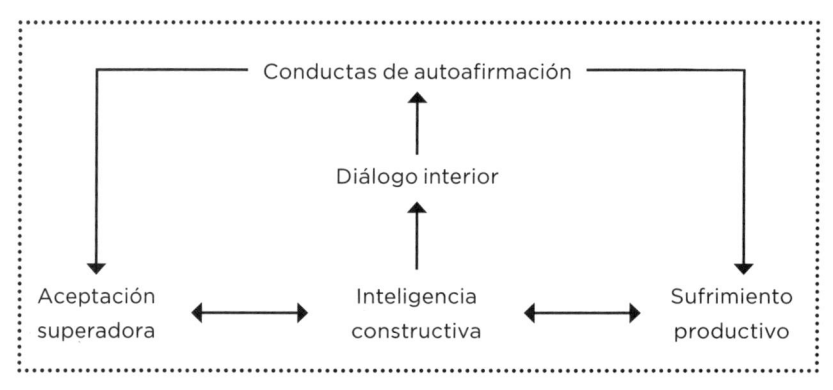

Figura 13. Esquema de la dinámica psicológica que facilita la aceptación superadora del sufrimiento.

Como se aprecia en el dibujo, gracias a la inteligencia constructiva es posible realizar un diálogo interior eficiente que permite activar las conductas de autoafirmación orientadas a positivar el sufrimiento. Y esa fórmula que siempre resulta eficaz para mitigar el dolor de la Niña o del Niño que no quiere ser dejado sirve también para afrontar el último reto con el que se encuentra toda supermujer: *el paso del tiempo y su efecto sobre el atractivo físico*. Es tan delicada e importante esa cuestión que será tratada con la debida amplitud en el próximo capítulo dedicado a su futuro amoroso.

EL FUTURO AMOROSO DE LAS SUPERMUJERES

Una mujer no siempre es feliz con el hombre que ama;
pero siempre es desdichada con el que no ama.
Oscar Wilde

Puede parecer que, después de todo lo que estoy diciendo, esté invitando a las supermujeres a la resignación de la soledad o a conformarse con hombres que no llegan al kilo, pero les aseguro que mi intención es exactamente la opuesta, porque lo que propongo es aplicar el principio de aceptación superadora, ya que solo se puede superar aquello que previamente se acepta como existente.

Por eso, ha llegado el momento de que las mujeres en general y las supermujeres en particular se pregunten a sí mismas si las dificultades amorosas descritas las han tenido –únicamente– esas 112 supermujeres que han acudido a mi consulta, o hay centenares, miles, o millones de mujeres aquejadas de insatisfacciones semejantes.

Evidentemente yo creo que son millones, incluso me atrevo a decir que son decenas de millones por una razón fácil de argumentar: si el 70% de las personas mayores de 40 años ha convivido una vez, o más, en clave amorosa y actualmente, en el conjunto de la sociedad occidental, se separan una de cada tres parejas, y más de la mitad de ellas lo hacen por iniciativa femenina, es lógico pensar que, entre las mujeres descontentas de su pareja y las que ni siquiera pueden quejarse de ella porque no la tienen, el futuro amoroso de las supermujeres es bastante desalentador, a no ser que las personas de ambos sexos aprendan a conciliarse para afrontar el problema de forma superadora. Y no estoy hablando solo de crear un nuevo modelo de relaciones de género que sirva para que las supermujeres tengan más posibilidades de encontrar pareja, sino de impulsar una solución «mejor», porque está fundamentada en el crecimiento personal, y cuando alguien crece se está acercando a los que ya han crecido y entonces pueden mantener entre ellos relaciones maduras, simétricas y enriquecedoras.

Para que se entienda el sentido y alcance de mi propuesta les contaré una pequeña anécdota que tuvo lugar durante la gira de presentación de mi libro *Peter Pan puede crecer.*

> Susanna Griso tuvo la amabilidad de invitarme a Espejo Público para que hablara del tema de los hombres desorientados, y para debatir sobre el particular invitó también a Massiel y a Lolita. Mientras explicaba mi teoría sobre el origen del desconcierto masculino en relación a cómo relacionarse con las mujeres evolucionadas, ambas escuchaban atentamente y al acabar mi intervención Lolita me preguntó:
> –Y nosotras, ¿cómo podemos ayudar?
> Naturalmente la felicité por su intervención porque en pocas palabras estaba enunciando las vías de solución. Evidentemente el problema es de los hombres, pero las mujeres pueden ayudar a resolverlo no solo por solidaridad humana, sino por propio interés amoroso, porque solo haciéndonos mejores los hombres, las mujeres podrán encontrar hombres mejores.

Llegados a este punto podemos iniciar un nuevo debate maximalista que hará las delicias de los partidarios de la guerra de sexos, diciendo desde la trinchera del feminismo «que se apañen ellos», y desde la trinchera del machismo que «si tanto les gusta la libertad que se casen con ella». Pero como la mayoría de los hombres ni queremos ni podemos apañarnos «solos» porque preferimos vivir con mujeres, y la mayoría de mujeres consideran que «casarse» con la libertad no es incompatible con establecer relaciones armónicas con los hombres, lo que voy a proponer es que la cabeza empiece a aportar soluciones a los problemas del corazón, porque *si los hombres no están bien las mujeres lo tendrán mal.*

Quizá sea un planteamiento sexista, pero también es un enfoque lógico: *sin más hombres en evolución es imposible resolver el problema.* Por tanto, como las supermujeres son las grandes perjudicadas, lo que les voy a pedir es que en lugar de sufrir el problema se pongan de parte de la solución. Pero no se alarmen, no les voy a exigir esfuerzo, ni paciencia, ni que se conviertan en reeducadoras de hombres desorientados, ni en salvadoras de hombres en regresión. Al contrario, les voy a pedir que salvaguarden su bienestar emocional y que sean «egoístas» pero egoístas positivas.

EL EGOÍSMO POSITIVO

Si lo recuerdan, en el capítulo 1 he hablado de la congruencia interna, la realización personal y el amor armónico como los tres grandes facilitadores de la felicidad, pero me ha faltado añadir que para conseguir estas tres cosas es necesario aprender a gestionar la realidad desde el egoísmo positivo. Y como es tan importante esta cuestión, porque sin ese aprendizaje los seres humanos no pueden ayudarse unos a otros, les voy a resumir los aspectos más importantes del modelo que propongo desde la Terapia Vital para gestionar adaptativamente el egoísmo, empezando por la definición operativa:

> **Egoísmo positivo**
> Forma de regular y ejercitar el egoísmo que permite satisfacer las propias necesidades sin conculcar el derecho de los demás a satisfacer las suyas. Para hacerlo posible la persona debe actuar desde el Adulto o a favor de él, hasta un punto que contribuya a su congruencia.

Hecha la definición, y puesto que de lo que se trata es de aplicar el concepto a la elección y gestión de las relaciones amorosas, me van a permitir que les indique cómo debería ser el esquema ideal de elección de pareja para que puedan aplicarlo a la reflexión sobre las relaciones del pasado y a las decisiones sobre las parejas del presente.

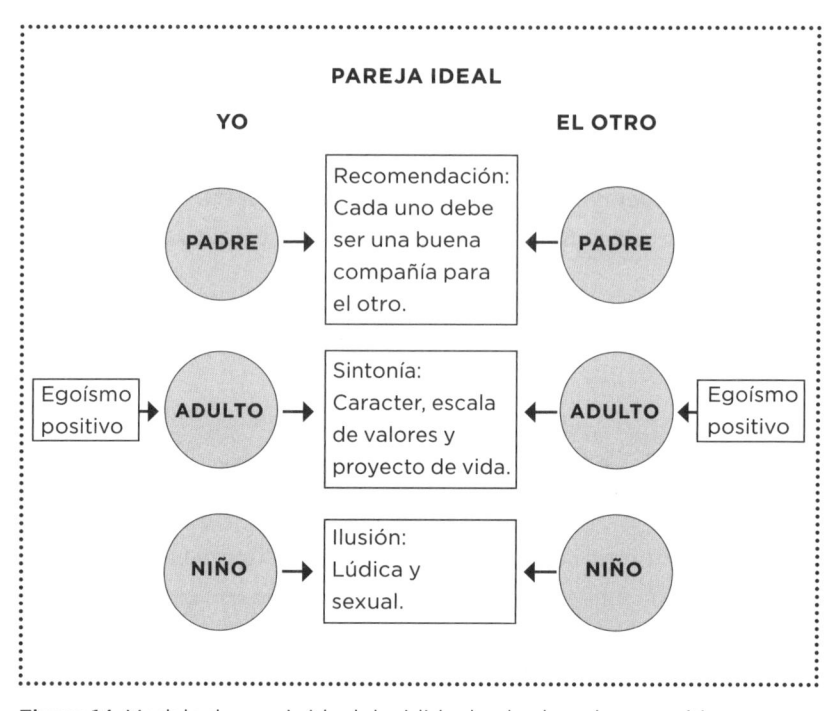

```
                            PAREJA IDEAL
                 YO                              EL OTRO

                          ┌──────────────┐
                          │ Recomendación:│
                          │ Cada uno debe │
              (PADRE) →   │ ser una buena │   ← (PADRE)
                          │ compañía para │
                          │ el otro.      │
                          └──────────────┘
                          ┌──────────────┐
  ┌─────────┐             │ Sintonía:    │                ┌─────────┐
  │ Egoísmo │             │ Caracter,    │                │ Egoísmo │
  │ positivo│ → (ADULTO) →│ escala de    │ ← (ADULTO) ←   │ positivo│
  └─────────┘             │ valores y    │                └─────────┘
                          │ proyecto de  │
                          │ vida.        │
                          └──────────────┘
                          ┌──────────────┐
                          │ Ilusión:     │
              (NIÑO)  →   │ Lúdica y     │   ← (NIÑO)
                          │ sexual.      │
                          └──────────────┘
```

Figura 14. Modelo de pareja ideal decidida desde el egoísmo positivo.

Visto este modelo ideal veamos algunas de las principales dificultades prácticas a la hora de implementarlo:

1. Si el Niño está más desarrollado que el Adulto puede confundir la Ilusión con la Sintonía.

2. Si el Padre tiene más fuerza que el Adulto puede confundir la Recomendación con la Sintonía.

3. Por tanto, solo desde un Adulto desarrollado capaz de armonizar lo que les gusta a los Niños respectivos con lo que recomiendan los Padres de ambos, puede asegurarse una buena elección de pareja, aunque una buena elección no es requisito suficiente para consolidar la relación.

De todos modos, y como para consolidarse primero debe establecerse, ese es el modelo que propongo a todas las personas que me consultan sobre cómo optimizar sus posibilidades amorosas, aunque una cosa es «proponerlo» y otra que estén en condiciones de aplicarlo, ya que lo que puede resultar fácil para un hombre en progresión o una mujer facilitadora, resultará casi imposible para un hombre Peter Pan o una mujer castradora. Por esa razón, como no quiero excluir a nadie de los beneficios de un modelo que es bueno para todos, me van a permitir que dedique el próximo apartado a las personas de ambos sexos que quieran darle una oportunidad al amor desde cualquier grado de madurez y sea cual sea su edad.

EL AMOR ES COSA DE TRES

Debo puntualizar que el título no es una invitación a establecer triángulos amorosos, ni a formar tríos, sino que al hablar de «tres» me refiero a los dos miembros que forman la pareja y a un tercer elemento externo a ella, pero que deben poseer ambos en grado suficiente para hacer posible una buena elección de pareja y una adecuada gestión de la relación. Me estoy refiriendo a la *madurez* tal como la voy a definir a continuación:

> Grado de equilibrio y serenidad que alcanzan las personas a través de la asimilación positiva de los acontecimientos negativos de la vida. Es el resultado de la superación de las distintas fases críticas de sus biografías respectivas, gracias a la aplicación del sufrimiento productivo y a la realización de conductas de autoafirmación.

Si repasan la definición y la comparan con el esquema de la figura 13, llegarán a la conclusión de que madurar y positivar el sufrimiento es una única y misma cosa, lo cual es –a la vez– una buena y mala noticia. Mala porque estoy diciendo que no hay crecimiento sin sufrimiento. Y buena porque como me estoy dirigiendo principalmente a personas de una franja de edad que está entre los 40 y 60 años, es imposible que no hayan sufrido lo suficiente como para poder madurar. Por tanto, gracias a lo que han sufrido en lo vivido y lo que han aprendido de lo sufrido, todas y todos ustedes están en condiciones de convertir las lecciones del pasado en un aprendizaje del presente. Y como es de suponer que la inmensa mayoría han tenido algunos amores que desean recordar y otros que preferirían olvidar, les voy a pedir que los retengan todos en la memoria, para que puedan compararlos con el modelo ideal de elección del sujeto amoroso que voy a describir.

LA ELECCIÓN DEL SUJETO AMOROSO IDEAL

En la figura 14 he dibujado el modelo y ahora toca desarrollarlo, para que cada uno de ustedes pueda relacionarlo con su propia biografía amorosa y determinar lo que debe mantener y lo que le conviene modificar. Como esa tarea no siempre resulta fácil, les voy a recomendar que hagan un balance de su pasado sentimental para poder discernir en qué se equivocaron ayer para evitar el mismo error mañana, porque como decía Ricardo León «de mis dolores saco yo mis alegrías». Y como supongo que la mayoría de ustedes ya han sufrido y disfrutado dos, tres o más convivencias, tienen a su disposición una rica información emocional, que podrán aportar al diálogo interior, para determinar si en las relaciones amorosas que tienen, tuvieron o esperan encontrar se dan las tres condiciones que permiten una buena elección inicial:

- La primera es el buen acoplamiento sexual.
- La segunda es la comodidad relacional.
- Y la tercera es el orgullo social.

Conocidos los requisitos, vamos a empezar por el primero, porque una cosa es gustarse y atraerse, y otra muy distinta conseguir que eso pueda traducirse en un buen acoplamiento sexual.

El buen acoplamiento sexual

La ventaja de tener cierta edad es que también se tienen varias experiencias de pareja que permiten establecer fácilmente el grado de sintonía en su forma de expresar la sexualidad, porque de manera natural las vivencias previas ayudan a fijar la certidumbre de hasta qué punto los códigos respectivos son suficientemente sintónicos. Y como la pareja no puede vivir solo con sexo pero tampoco sin sexo, les recuerdo que la sexualidad de la pareja estable casi nunca mejora con respecto a la fase inicial. Por tanto, si la sexualidad no funciona de entrada difícilmente se producirá un buen acoplamiento posterior.

Partiendo de esa base, solo hace falta recordar que el deseo sexual es del Niño, las normas de lo que debe permitirse las dicta el Padre, y la gestión de la práctica sexual debe ejercerla el Adulto. Si tienen presentes estos principios básicos estarán creando las condiciones para ejercer una sexualidad congruente y placentera que se alimentará a sí misma porque implícitamente estará en sintonía con la regla de oro que establecí en *Sexo sabio* y que desde entonces se ha convertido en un referente que favorece la armonía sexual. En consecuencia y para que no la olviden la vuelvo a repetir.

> **Regla de oro de la sexualidad**
>
> - Hagan todo lo que quieran.
> - No hagan nada que no quieran.
> - Siempre desde el deseo previo.
> - Y de acuerdo con la propia escala de valores sexuales.

Como ven son cuatro puntos fáciles de explicitar, aunque su praxis puede generar dudas y ambivalencias sobre las que es preciso reflexionar, porque al hacerlo no solo se estarán asegurando una sexualidad gratificante sino que estarán ganando madurez al practicarla.

Reflexión sobre los cuatro puntos de la regla de oro

- **Hagan todo lo que quieran.** A simple vista parece una consigna fácil de cumplir porque para ello solo es necesario hacer caso al Niño, pero en la práctica no resulta tan sencillo porque el Adulto y el Padre no siempre lo permiten. Por tanto, para practicar una sexualidad placentera y congruente, las cosas que le gustan al Niño deberá administrarlas el Adulto con el visto bueno del Padre. Por eso suelo decir que en sexo no es necesario practicar todo lo que gusta, pero ha de gustar todo lo que se practica.

- **No hagan nada que no quieran.** Tener en cuenta este segundo punto es todavía más importante porque en los inicios de una relación el Niño enamorado puede caer en el error de intentar complacer sexualmente a su pareja más allá y por encima de su propia regla de oro, sin darse cuenta de que si lo que le hacen al otro no les gusta a ellos, pronto se extinguirá su deseo sexual en perjuicio de ambos. Por eso, la buena intención de complacer a la pareja debe tener por límite la propia congruencia y gratificación sexual.

- **Siempre desde el deseo previo.** El sexo no debe practicarse por deber ni para complacer, sino para compartir el placer. Y la única manera de posibilitar esa experiencia es que la acción sexual siempre esté presidida por esta consigna, aunque puede admitirse un matiz de género porque, con respecto al deseo femenino, se dan casos y situaciones en que sin que exista deseo previo se crea un clima de relación que lo despierta y estimula, lo cual nos permite completar la consigna diciendo que en el caso de las mujeres es válido completar la norma con la siguiente formulación: *siempre desde el deseo previo o cuando el clima de relación lo genere.*

- **Y de acuerdo con la propia escala de valores sexuales.** Si ya es difícil determinar hasta qué punto nuestra escala de valores es una escala de valores propia, porque puede estar condicionada por leyes y convenciones externas que influyen en nuestro posicionamiento existencial, todavía es más difícil establecer los códigos sexuales que deben regir nuestra intimidad, porque la sexualidad sigue siendo el gran tabú de nuestra cultura. Seguimos viviendo en un sexismo donde las mujeres ocultan parte de la sexualidad que practican mientras que los hombres siguen presumiendo tanto de la que practican como de la que se inventan. Por eso es importante que el sexo sea, a la vez, placentero, congruente y responsable, ya que ese triple requisito ayuda a reforzar los valores esenciales en los que debe inspirarse.

Supongo que después de estas reflexiones sobre la dificultad que supone aplicar la regla de oro que posibilita la práctica de una sexualidad gratificante, es evidente que la única manera de facilitar la armonía sexual es que ambos componentes de la pareja realicen su propio diálogo interior y lleguen a la conclusión de que la sexualidad que practican es gratificante para sus Niños y aceptable para sus Padres, ya que es la única manera de que no genere incongruencia en sus Adultos. Cuando se produce esa sintonía sexual se están creando las bases que favorecen una buena elección de pareja y entonces es cuando tiene sentido ver si se da la segunda condición que favorece el amor armónico.

La comodidad relacional
Para enfatizar de forma gráfica el concepto de comodidad relacional suelo decir que es *la sensación de bienestar emocional que experimentan las personas cuando pueden estar con las demás y expresarse libremente sin dejar de ser ellas mismas.* Lo ideal es que esa sensación la pudiéramos tener con la familia, los amigos, los vecinos y los compañeros de trabajo, pero donde es imprescindible que se produzca es en las relaciones amorosas. Por eso, para expresar metafóricamente lo que debería ser el funcionamiento óptimo de la pareja acuñé la siguiente máxima:

> El secreto de un buen matrimonio es casarse con el otro, sin divorciarse de uno mismo.

Por si no queda bastante claro el mensaje podría añadir los cinco requisitos básicos que caracterizan ese estado de sintonía recíproca que se establece desde la respectiva armonía interior:

1. Desaparece la necesidad de hablar o de estar callados porque ambos se encuentran cómodos en los dos estados.
2. Desaparece el miedo a ser juzgados o censurados por el otro.
3. Desaparece el deber de estar siempre con el otro, porque se está con él desde la autonomía personal.
4. Desaparece el miedo a ser abandonado porque la propia calidad de la relación refuerza el deseo de convivencia.
5. En definitiva y como consecuencia de que desaparece todo lo que nos obliga o incomoda, aparece todo lo que nos acomoda y armoniza.

Creo que con lo dicho tienen una información que les resultará útil para entender su pasado y evaluar su presente, porque cuando la comodidad relacional se da en grado suficiente crea las bases para que las relaciones amorosas puedan prosperar, tanto si se trata de regenerar relaciones deterioradas como de posibilitar nuevos vínculos, aunque estos últimos deberán superar una tercera dificultad, que los anteriores ya superaron en su momento, porque en caso contrario no se hubieran consolidado.

El orgullo social
La importancia de esta tercera variable tiene más que ver con la vida social de la pareja que con su vida íntima, pero como está claro que la pareja no vive encerrada en una habitación (ni siquiera en sus primeros encuentros sexuales) es necesario que cada uno de sus componentes supere, para el otro, la «prueba del algodón» de ser aceptados por sus círculos respectivos de amigos y familiares.

Una manera muy fácil de detectar hasta qué punto la persona con la que estamos iniciando una relación nos genera el suficiente orgullo social, consiste en evaluar la satisfacción que sentimos cuando alguien a quien valoramos nos encuentra con la nueva pareja en una situación pública. Cuando procuramos escondernos para que no nos vean, o hacemos una presentación que no nos compromete, o cortamos apresuradamente el contacto, o nos sentimos incómodos si no lo hacemos, tenemos muchas posibilidades de que nuestro acompañante no nos genere el suficiente orgullo social.

Por el contrario, cuando estamos contentos de que nos vean con el nuevo amor, cuando ansiamos presentarlo a amigos, familiares y vecinos, podemos tener le seguridad de que estamos con esa persona porque además de buen acoplamiento sexual y comodidad relacional también nos genera orgullo social. El problema es que cuando este no se tiene en grado suficiente puede deteriorar de forma súbita la calidad de una relación que de entrada poseía los otros dos requisitos. Esto es lo que le sucedió, por desgracia, a la protagonista de la siguiente historia.

> **EL CASO DE LA PROFESORA QUE NO SUPERÓ EL PREJUICIO ÉTNICO**
>
> María era una brillante profesora universitaria de 45 años que estaba divorciada y vivía con su hija adolescente. Vino a visitarme porque estaba iniciando una relación con un doctorando de un país extranjero y teniendo en cuenta que sus dos últimas experiencias amorosas no llegaron a consolidarse, quería hacer lo posible para que esta funcionara porque, según afirmaba, «era un hombre muy amable, estaban muy bien juntos y se entendían muy bien en la cama». Por tanto, traduciendo sus verbalizaciones a las condiciones que facilitan una buena sintonía inicial reunía tanto el buen acoplamiento sexual como la comodidad relacional. Llegados a ese punto y como María no acababa de encontrar las razones de su relativa insatisfacción, puesto que su percepción era que la relación funcionaba «bien», le sugerí que intentara recordar algo que la hubiera incomodado. Después de decir varias veces «nada, nada»

> mencionó un «bueno, sí» y se refirió a una anécdota del primer encuentro que tuvo su nueva pareja con ella y con su hija, en la que todo fue muy bien pero después, cuando se quedaron solas, su hija le preguntó: «¿De qué país es?».
>
> Como no entendí por qué podía resultarle desestabilizadora la pregunta, le solicité que ella misma interpretara la razón de su incomodidad y entonces añadió que su nuevo novio era de piel cobriza, cosa que hasta entonces ella no había mencionado. Le propuse que reflexionara sobre la importancia de esa cuestión y fijamos la fecha de la próxima consulta.
>
> El resultado final de su proceso de clarificación amorosa, que duró cinco sesiones, fue que a pesar de que racional y emocionalmente no le importaba el color de su piel y de reconocer que efectivamente la relación era de una calidad que la inclinaba a mantenerla, no podía asimilar la sutil censura que le hacían llegar tanto su hija como sus padres, porque la pregunta sobre «su país de origen» era una forma eufemística de referirse a una «diferencia» que por presión familiar se convirtió en un prejuicio étnico que la llevó a tomar la decisión de acabar con la relación.

El caso de María es una muestra más de las dificultades de todo tipo a las que deben enfrentarse las parejas de 2ª, 3ª o 4ª generación, porque cuantos más vínculos tienen sus componentes, más personas influyen sobre sus decisiones. En este caso fueron la hija y los padres de María los que activaron un prejuicio que sin su intervención quizá nunca se hubiera despertado o quizá sí, porque como decía Alphonse Karr: «El amor nace de nada y muere de todo».

Esa realidad evidente, que todas las personas que han tenido más de una pareja han podido experimentar, es la que hace necesario que la elección del sujeto amoroso esté presidida por los tres factores que acabamos de tratar, puesto que después –al consolidarse– las parejas deberán afrontar un fenómeno convivencial que las afecta a todas sin beneficiar a ninguna.

LA MATEMÁTICA
DE LOS SENTIMIENTOS

Me he referido a ella, como de pasada, en el capítulo 5 al hablar del kilo de novecientos gramos y relacionaba el fenómeno con la defraudación de expectativas, porque es evidente que la realidad de la convivencia difícilmente puede estar a la altura de la idealidad imaginada al inicio de la relación. Pero, además de ese contraste ente lo imaginado y lo vivido que siempre perjudica a lo imaginado, la convivencia en pareja tiene un enemigo aún mayor que afecta inexorablemente a todas las parejas, aunque, por fortuna, no las afecta a todas por igual. Y a ese fenómeno amoroso que deteriora la calidad del sentimiento le he puesto el nombre que encabeza este apartado por razones que resultan fácilmente explicables, pero cuyos efectos no son tan fácilmente detectables.

Donde trato más detalladamente esta cuestión es en *Amor al segundo intento*, pero como lo que allí digo sirve también y con más razón para los intentos posteriores, voy a resumir los aspectos esenciales del efecto que tiene la matemática de los sentimientos en el deterioro del vínculo amoroso, empezando por hacer una definición operativa del concepto.

> **Matemática de los sentimientos**
> Dinámica psicoafectiva que genera la erosión del sentimiento amoroso de la pareja estable, por la acción combinada de los principios de habituación y saturación.

Hecha la definición y puesto que ya sabemos lo que es el sentimiento amoroso y la pareja estable, solo me falta explicar qué son y cómo funcionan la habituación y la saturación, para que las supermujeres y sus parejas puedan tener una idea clara de las características del enemigo al que deben enfrentarse.

Lo primero que conviene precisar es que la matemática de los sentimientos es un fenómeno relacional provocado por la acción conjunta de una ley que contiene dos principios que afectan negativamente al vínculo de la forma que describo a continuación:

Ley de la incidencia: En una relación amorosa todo lo que no suma, resta. Ello hace que en la convivencia se activen los dos principios que la constituyen.

- **Principio de habituación:** Actúa sobre las cosas buenas que aporta la pareja. Por tanto, con el tiempo lo bueno pierde parte de su importancia.

- **Principio de saturación:** Actúa sobre las cosas que no nos gustan de la pareja. Por tanto, con el tiempo sus defectos se acrecientan.

Conociendo el significado de los conceptos creo que no hace falta un gran argumentario para llegar a la conclusión de que si con el tiempo *lo bueno es menos bueno y lo malo es peor,* es imposible que la calidad de la relación no se resienta. Evidentemente eso no quiere decir que las personas deban deducir erróneamente que la única forma de evitar la depreciación del sentimiento amoroso es ir cambiando de pareja cada cinco o diez años, sino que también pueden optar por mantener la relación porque observan que su calidad sigue siendo merecedora de aportaciones que eviten el deterioro. Y como la mejor manera de luchar contra un peligro es reconocer que existe, les voy a proponer tres consignas del comportamiento que ayudan a que lo bueno no pierda tanta importancia y a que lo malo sea menos malo:

- **Primera consigna:** Como lo que resta influye más que lo que suma, procuren sumar mucho y restar poco.

- **Segunda consigna:** Procuren que acostumbrarse a lo bueno no resulte malo.

- **Tercera consigna:** Procuren no acostumbrarse a lo malo porque luego será peor.

En definitiva, tengan presente que la pareja, como la tierra, es para quien la trabaja y gestionen sus relaciones amorosas desde el Adulto aceptando que toda convivencia deteriora parcialmente la calidad de la valoración inicial. Pero, precisamente por eso, si el saldo resultante sigue siendo positivo, vale la pena hacer aportaciones para que la llama del amor no se apague, porque tan malo es querer mantener su fuerza inicial como dejar de alimentarla hasta su extinción. Y puesto que las supermujeres tienen a su favor la experiencia que las ha convertido en tales, les recomiendo que revisen cómo les ha afectado en el pasado la matemática de los sentimientos porque de esa manera estarán en condiciones de incorporar estrategias de prevención que harán viables los amores del futuro.

EL VALOR DE LA EXPERIENCIA

La edad no protege del amor, pero el amor protege de la edad.
Jeanne Moreau

Cuando se hacía el servicio militar los soldados de reemplazos anteriores, para imponer su autoridad a los recién incorporados, solían decirles que «la veteranía es un grado». Con esa máxima querían enfatizar, un poco abusivamente, la importancia de la experiencia como generadora de competencia. Pero el origen de ese mensaje jerárquico, que escuché en mi juventud, no se encuentra en mi generación ni en la anterior, sino que proviene del antiguo Imperio romano donde el término «veterano» se aplicaba al soldado que obtenía su licencia. Por tanto, los veteranos eran a la vez los soldados más antiguos y los que dejaban de serlo, porque alcanzaban la condición de «jubilados», término que deriva del latín *iubilare* («gritar de alegría»). De esa manera expresaban los legionarios lo que sentían, al pasar de una época de lucha a un tiempo de paz, gracias a que, al haber vivido lo primero, se habían ganado lo segundo.

Me he permitido esta pequeña introducción histórico-militar porque metafóricamente sitúa la intención de este capítulo en el ámbito que pretendo desarrollarlo, que es la importancia del aprendizaje vital y los beneficios que supone la adecuada asimilación de las cosas vividas.

En la vida como en el ejército, las personas alcanzan su mayor jerarquía cuando lo aprendido en el pasado las habilita para manejarse eficazmente en el futuro. Y eso es lo que les ocurre a las supermujeres: han llegado a la edad del júbilo, en el más amplio y positivo sentido del concepto; porque durante sus cuarenta, cincuenta o sesenta años de existencia han acumulado capacidades y experiencias que deberían hacerlas merecedoras de grandes gratificaciones porque han sido protagonistas de grandes logros.

El problema es que nuestra sociedad no siempre recompensa a los mejores, y menos si son mujeres, sino que ellas han de superar, para obtener los beneficios que se merecen, dos brechas importantes que las siguen separando de los hombres. La primera es la salarial, y la segunda es la de la edad, y como las supermujeres son conscientes de esa realidad se están preparando para combatir la segunda con la misma fuerza que lo están haciendo con la primera, aunque la inercia social sigue siendo tan androcéntrica que incluso cuando recuerdo que «la veteranía es un grado» estoy reforzando el sexismo, puesto que eso es más cierto para los hombres que para las mujeres. De hecho, los años cumplidos, por mucho que se vendan como una oportunidad de crecimiento, todavía se asocian en los hombres a la madurez, y en las mujeres a la vejez; cuando desde un punto de vista psicológico esa lectura no se ajusta a la verdad, ya que la tendencia observada es justamente la contraria: *Los hombres tardan por término medio diez años más que las mujeres en madurar y además el porcentaje que desarrolla esa capacidad es inferior al de ellas.*

Por eso, es más fácil encontrar mujeres maduras de 40 o 50 años que hombres maduros de esa misma edad. Lo cual, siendo bueno para la autoestima y la seguridad personal del colectivo femenino, no lo es tanto para propiciar su éxito amoroso.

EL ATRACTIVO DE LA MADUREZ

La cultura sexista siempre ha otorgado a la belleza femenina un valor superlativo, hasta tal punto ha sido así que las mujeres atractivas han disfrutado de ventajas funcionales iguales o superiores a las que otorga la inteligencia. El problema es que esta puede mantenerse e incluso incrementarse con la madurez, mientras que la belleza va disminuyendo con los años, por la sencilla razón de que está asociada en exceso a la juventud y no tanto a los rasgos faciales armónicos que la hacen posible.

Lo que digo es tan evidente que hasta un 40% de las supermujeres que formaron la muestra que ha servido de base a este ensayo comentaban que habían recibido el halago retrospectivo que suele dedicarse a las mujeres de cierta edad: «Tú de joven debías de ser muy guapa» o cosas por el estilo, haciéndoles llegar el mensaje de que su belleza ya es agua pasada. Fue guapa, pero ahora ya no lo es, o no lo es en el mismo grado.

Esa tendencia a asociar la belleza con la juventud tiene tanto peso que las propias supermujeres detectan que, en lo tocante al reconocimiento de su atractivo, están entrando en la edad en que se hacen «invisibles», que es una forma ingeniosa de denunciar que los hombres ya no las miran ni las cortejan como «antes», dándole al entrecomillado la significación de veinte o treinta años atrás. La filia por la belleza juvenil es tan fuerte que, a partir de cierta edad, las propias supermujeres no pueden quedarse al margen de esa presión y tienden a puntuarse a la baja en autoimagen, como queda patente en la figura 6, ya que la media que se otorgan las del grupo de 51 a 60 años es medio punto inferior al grupo de 40 a 50 años.

¿Por qué estoy dedicando tanta atención a la variable edad-belleza? Pues muy sencillo, porque tanto los hombres como las mujeres le conceden mucha importancia a esta cuestión, lo cual perjudica las expectativas amorosas de las supermujeres por tres razones fundamentales que conviene tener presentes para poderlas manejar lo mejor posible.

1. Porque afecta a su autoimagen y, a través de ella, a su seguridad global.

2. Porque por inercia sexista, los hombres prefieren mujeres más jóvenes y las mujeres más jóvenes siguen aceptando a esos hombres.

3. Porque por las dos razones anteriores, las supermujeres ven reducido, todavía más, el número de hombres que se interesan por ellas y el número de hombres que ellas pueden considerar interesantes.

Por tanto, en función de lo argumentado y precisamente porque las supermujeres son conscientes de esa desventaja, resulta de vital importancia que mantengan la confianza en sí mismas y acepten que con la edad es natural que tanto la autoimagen como la competencia sexual pierdan parte de su esplendor. Por eso, es necesario que las personas se sientan queridas y útiles, porque solo manteniendo la autoestima y el autoconcepto es posible asimilar que los otros dos factores de la seguridad empiezan a declinar. Es más, incluso me atrevo a decir que aceptar esa evidencia es –en sí mismo– un indicador del grado de madurez alcanzado. De hecho, las supermujeres lo son porque, gracias al equilibrio propio de su condición, pueden aceptar que han perdido parte del atractivo de su juventud y pueden hacer suyo ese bonito verso de Carlos Villarrubia que dice:

> Llevo en mis arrugas
> toda la experiencia,
> ciencia de paciencia
> para compartir.

EL AMOR NO TIENE EDAD... PERO LAS PERSONAS, SÍ

Cuando yo tenía 30 años se puso de moda una actriz estadounidense de rutilante belleza y efímera fama llamada Bo Derek. La película que la encumbró llevaba por título *10, la mujer perfecta*, y fue filmada en 1979. Saco estos datos a colación porque en una secuencia antológica sobre el tema que nos ocupa, una mujer, que reflexiona sobre su edad, decía lo siguiente: «¿Es justo que un hombre, a medida que se hace mayor, adquiera un aire distinguido, mientras que una mujer adquiere aspecto de vieja?». Desde que oí ese pensamiento suelo citarlo como tema de debate sobre esta segunda brecha que existe entre los hombres y las mujeres que todavía es más injusta que la salarial, puesto que al tener como único referente la edad, afecta al conjunto del colectivo femenino.

La brecha de la edad

Una de las demandas más frecuentes que me hacen los medios de comunicación es mi opinión sobre cómo afecta la diferencia de edad a las relaciones de pareja. Y como esa cuestión tiene una importancia relevante para todos, voy a intentar sistematizar las conclusiones a las que he llegado, resumiendo los datos obtenidos en la práctica clínica:

- La primera conclusión es que cuando las mujeres tienen entre 20 y 40 años, aceptan sin ningún problema que el hombre pueda tener diez o quince años más que ellas, si el candidato reúne los oportunos requisitos de idoneidad.

- La segunda conclusión es que, entre los 40 y 60 años de edad, la elección empieza a complicarse porque las diferencias de género afloran, y mientras que las mujeres tienen la expectativa de emparejarse con hombres de su edad, aunque puedan aceptar diferencias de hasta cinco años, la mayoría de los hombres consideran que todavía pueden tener acceso a mujeres de una generación más joven.

- Y la tercera conclusión es que, a partir de los 60 años, las diferencias de género se agudizan, puesto que las mujeres ya no aceptan fácilmente hombres mayores que ellas y los hombres siguen manteniendo la expectativa de emparejarse con mujeres más jóvenes.

Naturalmente estos datos deben tomarse como referencia orientativa de tendencias *mayoritarias* pero no *generales*, porque la realidad sociológica nos informa constantemente de parejas fuera de esa norma que funcionan perfectamente. En ese sentido cabe recordar que la edad es solo una de las variables implicadas y que su importancia, en el acoplamiento, está condicionada por factores tan determinantes como la madurez de sus componentes, el carácter, los valores y el proyecto de vida. Pero, para no avanzar un tema que será tratado en el próximo capítulo, de momento quedémonos con la idea de que, con respecto a sus parejas masculinas, las mujeres siguen teniendo una brecha de diez a quince años que juega en su contra y que sigue beneficiando a los hombres de su misma edad.

Por tanto, en el caso concreto de las supermujeres, además de las limitaciones que les genera su propia excelencia, deben añadir también los inconvenientes de la brecha de la edad y otra dificultad, suplementaria, que es la brecha salarial, aunque en su caso no está relacionada con que ellas ganen menos, sino con el agravio comparativo que suelen tener los hombres cuando sus emolumentos son inferiores.

La brecha salarial

La mayoría de las supermujeres no sufren la desventaja que manifiesta gran parte del colectivo femenino cuando se queja, con razón, de que su sueldo suele ser inferior al de los hombres que desempeñan funciones similares. Por suerte, la sociedad en su conjunto está tan sensibilizada al respecto que es de suponer que en pocos años se conseguirá que la justa demanda de «a igual trabajo, igual retribución» quede suficientemente satisfecha. Por tanto, la brecha salarial entre hombres y mujeres desaparecerá a corto plazo, pero quedará todavía por resolver la variante específica del problema que afecta a las supermujeres puesto que, por decirlo en un juego de palabras:

> Su problema no es que ganen menos que los hombres, sino cómo les afecta –a ellas– que la mayoría de los hombres ganen menos.

Para que se entienda lo que quiero decir, solo hace falta recordar lo que he comentado hasta ahora sobre la madurez personal y el enamoramiento admirativo, ya que aunque las supermujeres aceptan sin excesivos problemas a hombres con un potencial económico inferior al suyo, tampoco conviene olvidar que eso, a veces, puede producirles dificultades de acoplamiento e incluso importantes quebrantos económicos, como le sucedió a una exitosa empresaria.

EL CASO DE LA EMPRESARIA QUE QUISO AYUDAR A SU NUEVA PAREJA

Andrea y Carlos formaban una pareja de 3ª generación con hijos mayores emancipados. Ambos se acercaban a los 60 años de edad y vinieron a verme porque, después del primer año de convivencia, empezaban a surgir ciertos problemas relacionados con el contraste del éxito económico y profesional que había jalonado la vida de Andrea y la precaria situación de Carlos, que vivía modestamente con la pobre rentabilidad del negocio familiar que había heredado.

Para resumir el estado de la situación, Andrea no solo había sugerido a Carlos algunos cambios en la gestión de su negocio, sino que además le había dejado dinero para que pudiera llevarlos a buen término. En ese momento es cuando vinieron a visitarme porque ambos tenían una visión muy distinta de lo que estaba ocurriendo. Según Andrea, Carlos aceptaba su dinero pero no aceptaba sus consejos. Y según Carlos, Andrea quería imponer su criterio porque había aportado su dinero.

Como suelo hacer en situaciones donde los puntos de vista son muy discrepantes, les propuse que para no agudizar el conflicto, intentaran relacionarse desde el Adulto mientras mantenía con ellos sendas visitas por separado. En la puesta en común posterior, el problema apareció en toda su crudeza y ellos mismos tomaron conciencia con verbalizaciones relevantes. Andrea se estaba dando cuenta de que si dejaba de apoyar económicamente a Carlos, pronto estaría sin novio, pero que si le seguía ayudando corría el riesgo de quedarse sin novio y sin dinero. Y Carlos consideraba que Andrea no le perdonaba que no fuera un triunfador y quería imponerle un proyecto profesional que él no compartía, pero que estaba aceptando para no defraudarla.

El resumen de la evolución de un tratamiento que duró seis meses, en el que se alternaron sesiones de pareja con sesiones

> individuales, fue que ambos llegaron a la conclusión de que, a pesar del trabajo psicológico realizado, no habían logrado una convivencia armónica, pero les había servido para decidir de forma reflexiva que debían dar por acabada la relación.

El caso de Andrea y Carlos es un buen ejemplo de que no siempre la intervención terapéutica logra el resultado esperado. A veces el propósito de la pareja es mejorar la relación y acaban separados. En cambio, en otros casos la expectativa es separarse, pero los implicados gestionan la crisis con tanta madurez que consiguen regenerar el vínculo. Por eso debe quedar claro que los terapeutas de pareja no somos taumaturgos que hacemos realizables los deseos de nuestros clientes, sino profesionales de la psicología que ayudamos a que las personas decidan, desde su parte más madura, lo que les conviene hacer para resolver sus contradicciones y recuperar el equilibrio. Por tanto, desde esa filosofía de intervención, voy a intentar que todas las supermujeres que lean el libro aprovechen al máximo su contenido para facilitar que, a pesar de las dificultades que les genera su excelencia, se abra ante ellas un futuro amoroso que sea deseable para su Niña, porque su Adulto y su Padre ya se encargarán de que sea también asequible y conveniente.

LA SUPERMUJER AUTOSUFICIENTE

Hasta ahora les he hablado de las variables psicosociales que provocan el síndrome: hombres desorientados, mujeres decepcionadas, kilos de novecientos gramos y supermujeres reactivas. Pero también he dejado ver que el problema tiene solución, porque existen hombres en progresión y supermujeres dispuestas a favorecer que los hombres evolucionen.

En ese aspecto, si tuviera que definir la función que ejercen las supermujeres autosuficientes al servicio de un bienestar que resulta útil para ellas y facilita también el de los hombres, diría que precisamente porque aceptan el principio humanista de que la felicidad debe depender más de uno mismo y menos de los otros, ellas se convierten en compañías deseables para las personas de su entorno, lo cual incluye también a los hombres que pueden convertirse en sus hipotéticas parejas.

Partiendo de esa base, veamos cuáles son los principales rasgos de su perfil, para que la sociedad en su conjunto pueda beneficiarse de la relación:

- Son económicamente autónomas y se sienten realizadas.

- Aceptan superadoramente su situación amorosa. Si tienen una pareja válida la cuidan y si no lo es, procuran mejorar el vínculo o acabar civilizadamente con la convivencia.

- Si no tienen pareja estable suelen disfrutar de amistades sexualizadas a la vez que están dispuestas a establecer relaciones más sólidas si el hombre reúne el perfil adecuado.

- En todas las situaciones descritas, su percepción de felicidad es alta, porque se sienten las principales protagonistas de su realidad y están contentas de su capacidad para gestionarla.

Como consecuencia de todo ello, procuran mantener con los hombres relaciones amables y distendidas desde el Adulto, lo cual crea las condiciones para que en cualquiera de las variantes de la socialización, citadas en el capítulo 7, pueda presentarse la situación de la que surge la ocasión de encontrar el amor.

Pronóstico amoroso
Como digo en *El nuevo arte de enamorar*, la mejor manera de enamorar es no intentarlo, y eso es lo que les ocurre a las supermujeres autosuficientes: como están bien con ellas mismas, no tienen la compulsión de encontrar pareja y eso es, precisamente, lo que las hace atractivas para los hombres en progresión e incluso para los hombres en reacción, ya

que encuentran en ellas personas positivas con las que pueden establecer relaciones de calidad.

Todo lo que acabo de decir sobre la supermujer autosuficiente sirve también para describir a la supermujer facilitadora. Quizá la mayor diferencia que existe entre ambas es la manera en que su distinta receptividad –hacia los hombres– favorece o dificulta su éxito amoroso.

LA SUPERMUJER FACILITADORA

Lo primero que conviene aclarar es qué significa el calificativo de «facilitadora» y hasta qué punto serlo es bueno para ellas y para los hombres con los que establecen relaciones. Evidentemente ser facilitadora, en el sentido de favorecer vínculos amorosos que puedan prosperar, siempre resulta bueno de entrada, aunque no estoy tan seguro que resulte bueno de salida. Y como estoy poniendo objeciones a una palabra que tiene connotación positiva, voy a explicar las razones de mis dudas al respecto, para evitar que un exceso de facilidad se convierta en un dificultador del efecto que se desea provocar.

Ya he dicho que la supermujer facilitadora tiene todos los atributos de la mujer autosuficiente y algunos de ellos en grado superlativo. Por ejemplo, con respecto a los hombres con los que se aparejan no solo tienen una actitud de apoyo, sino que además caen con frecuencia en la tentación de ayudarles, como hemos visto en el caso de Andrea y Carlos, lo cual no siempre es bueno para quien ayuda ni para el ayudado. De hecho, para que la supermujer facilitadora pueda favorecer la evolución de su pareja, sin caer en el exceso, debe tener en cuenta el perfil del sujeto amoroso, para poder aplicar adecuadamente dos consideraciones:

1. Su actitud puede beneficiar a los hombres en progresión, a los hombres en reacción e incluso a los desorientados, pero debe evitar estrategias redentoristas para intentar salvar a los hombres en regresión, porque corre el peligro de establecer

relaciones de dependencia emocional en las que ella ejercerá de madre protectora y ellos de hijos rebeldes o subordinados.

2. Como ninguna de esas dos cosas es buena para ella ni para los hombres implicados, lo que le conviene es *elegir mejor para ayudar menos*. En ese sentido, le recomendaría que repasara los factores que conducen al síndrome, porque uno de los riesgos de su perfil es «bajar el listón», aunque no suele hacerlo para mejorar sus posibilidades amorosas, sino porque las tres partes de su Yo le dicen que ayudar es bueno, lo cual siempre es cierto, excepto en la fase de enamoramiento, porque es difícil que el hombre que se deja ayudar siga siendo admirable, durante mucho tiempo, para la mujer que le ayuda.

Pronóstico amoroso
Después de lo que acabo de decir es evidente que la supermujer facilitadora reúne todas las condiciones para generar amores armónicos, y encontrarse con una de ellas es lo mejor que les puede ocurrir a todas las variantes de hombres tipificados en el libro; aunque, en función del nivel de selección que suelen establecer, las posibilidades de relación quedan limitadas a los hombres en progresión, puesto que ella difícilmente sintoniza con los otros perfiles, ni sus componentes se consideran dignos del vínculo, a no ser que se trate de narcisistas neuróticos y –en esos casos– es la supermujer facilitadora la que se muestra refractaria a cualquier intento de seducción.

Por tanto, entre los que no se atreven y los que ella descarta, resulta que el perfil más dotado para disfrutar y hacer disfrutar de un amor maduro suele tener menos suerte en el amor que la mujer autosuficiente, ya que precisamente por ser «facilitadora» corre el riesgo de querer potenciar la excelencia de los hombres que elige, lo cual abre la posibilidad de que ellos se sientan presionados y ella defraudada. André Gide, en una de sus más profundas sentencias, decía: «Ella no me amó a mí, sino al que yo deseaba ser, y siempre me reprochó que no hubiese cumplido mis deseos». Tengan en cuenta esta acertada reflexión de quien fue premio Nobel de Literatura el año en que yo nací, pero cuya obra deberían seguir leyendo los hombres y mujeres de hoy porque les ayudaría a entender que la mejor manera de favorecer un proceso es no forzarlo.

En función de lo argumentado, creo que resulta evidente que el perfil que reúne las mejores condiciones para generar un gran beneficio amoroso, propio y ajeno, es el de la supermujer autosuficiente, porque, al necesitar menos a los demás, queda en condiciones óptimas de diferenciar, desde su Adulto autónomo y maduro, las personas que pueden ser buenas compañeras de viaje de aquellas otras que conviene dejar atrás en el camino de la vida.

11

LOS AMORES DEL FUTURO

Lo mejor de la Humanidad son los hombres y las mujeres.
Enrique Jardiel Poncela

Quizá porque yo sufrí las consecuencias de una relación neurótica y salí fortalecido de la experiencia, he dedicado la mitad de mi vida a transmitir lo que en ella aprendí. De hecho, mi actividad profesional y mi obra literaria están dedicadas, en proporción parecida, al crecimiento personal y a la terapia de pareja, porque considero que me dedico a dos ámbitos complementarios que tienden a un mismo fin: *facilitar la felicidad de las personas*. Por eso, si tuviera que resumir las enseñanzas que intento difundir tanto en mis libros de autoayuda como en mi labor docente y divulgativa, las sintetizaría en tres de mis aforismos más conocidos que todavía no han aparecido en el texto:

- La inmadurez es una etapa inevitable y la madurez su evolución deseable.
- Haciendo lo que debes te conviertes en quien quieres.
- Quien encuentra la forma de quererse encuentra la forma de enamorar.

Como ven, ninguno de ellos está relacionado directamente con el desencuentro amoroso ni con el síndrome de las supermujeres, pero en cambio es el camino que les voy a proponer para resolver esos problemas por la única vía que puede resultar buena para las personas de ambos sexos: *el crecimiento personal.*

Si recuerdan, la idea que más he repetido hasta ahora es que *el arte de enamorar es el arte de mejorar.* Por tanto, sin mejorar tenemos pocas posibilidades de enamorar y como ya les he hablado de mi teoría de la seguridad y de las herramientas psicológicas que nos ayudan a madurar, ahora solo hace falta poner todos esos elementos al servicio del desarrollo de los tres aforismos, y la consecuencia natural del proceso será que, tanto los hombres como las mujeres de la generación X, partiendo de la situación en que se encuentren, quedarán en condiciones de afrontar sus problemas amorosos con posibilidades de éxito.

La inmadurez es una etapa inevitable y la madurez su evolución deseable.

Creo que con la información que he facilitado, la mayoría de ustedes ya pueden compartir que para madurar se necesita *tiempo y malas experiencias bien asimiladas.* Si aceptan esta teoría, solo tienen que repasar el capítulo 8 y allí encontrarán las claves que les permitirán positivar el sufrimiento para reconvertirlo en energía al servicio de la maduración personal.

Haciendo lo que debes te conviertes en quien quieres.

Mientras viven ese proceso de maduración personal, que propongo en el apartado anterior, es cuando podrán experimentar, con toda intensidad, la certeza de este segundo aforismo. Para conseguirlo solo tienen que recordar la dinámica del diálogo interior y aplicar la inteligencia constructiva para que el Adulto consiga hacerle entender al Niño que *no todo lo que le gusta le conviene.* Cuando una persona aprende eso, es capaz de renunciar a lo que resulta perjudicial para su desarrollo y se orienta hacia aquello que le permite convertirse en la mejor versión de sí mismo.

Quien encuentra la forma de quererse encuentra la forma de enamorar.

Naturalmente cuando hablo de la «forma de quererse» no me refiero a esa estrategia simplista de mirarse al espejo y decirse «¡qué guapo soy!» o

«¡cuánto valgo!», sino al sentimiento profundo de regeneración y mejora que se obtiene superando circunstancias adversas y fracasos personales. Por eso decía Freud que «solo la propia y personal experiencia hace al hombre sabio».

Así que ya lo saben, quien esté en condiciones de aceptarse para superarse, solo tiene que poner mi programa de autoayuda al servicio de su mejoramiento personal y en poco tiempo podrá comprobar que, al madurar, se ha hecho más querible, aunque en la tesis que estoy defendiendo ser más querible no genera el mismo rédito a los hombres que a las mujeres.

LOS HOMBRES QUERIBLES

De acuerdo con lo dicho hasta ahora, el hombre se hace querible cuando acepta superadoramente su desconcierto amoroso y comprende que la mujer no quiere establecer relaciones de dependencia, sino caminar con él en un proyecto de convivencia que sea enriquecedor para ambos. Esa expectativa femenina de encontrar un compañero de viaje es perfectamente entendible para el hombre, porque le sobra inteligencia lógica para razonarla, aunque no todos tienen la madurez suficiente para aceptarla.

Como consecuencia de esa limitación y de acuerdo con la nomenclatura que he creado para este ensayo, los perfiles de los hombres susceptibles de despertar el sentimiento amoroso a las mujeres de hoy son todos los que están en progresión y una parte de los que están en la fase de reacción. Y para que esa parte sea lo más grande posible, lo único que deben hacer esos hombres es creer que tienen un margen para mejorar y aplicarse a la labor con el convencimiento de que el cambio es posible.

Pero si a pesar de todos los elementos de reflexión y todas las herramientas terapéuticas que he puesto a su disposición todavía no lo tienen claro, les invito a reflexionar sobre el apriorismo que he introducido en el capítulo 3: ¿Creen que cada uno es como es, o creen que todos podemos mejorar?

Si creen lo segundo les felicito y les invito a escuchar la historia de un hombre que supo reaccionar a tiempo cuando parecía que todo estaba perdido.

EL CASO DEL HOMBRE QUE ACEPTÓ EL DIVORCIO PARA RECUPERAR A SU MUJER

Después de casi veinticinco años de matrimonio vino a visitarme Laura aquejada de una crisis de ansiedad como consecuencia del agobio que le había producido que su marido le preguntara dónde quería pasar las bodas de plata.

Por suerte la mujer poseía un elevado grado de intuición psicológica y tenía claro lo que le estaba ocurriendo: las bodas de plata, que su marido quería celebrar, para ella se habían convertido en «bodas de plomo», porque estaba cansada de aguantar a un hombre que solo se preocupaba de ganar dinero y de exhibir su éxito, en el que ella tenía reservado el papel de modélica mujer del gran triunfador. Cierto que vivía cómodamente y que se sentía bien tratada, pero consideraba que las cosas cambiarían radicalmente cuando le comunicara que en lugar de realizar un viaje de placer compartido se había dado cuenta de que lo que en realidad deseaba era viajar sola y libre.

Puesto que con esa disposición previa no parecía aconsejable la «celebración», le propuse tener una entrevista con su marido, para conocer su punto de vista sobre el estado de la relación.

Por suerte Pedro también era un hombre inteligente y cuando vino a visitarme tenía ya una idea bastante aproximada de lo que estaba ocurriendo. Según él, su mujer «estaba cansada de no tener alicientes propios porque siempre había ejercido de buena esposa y de buena madre, pero quizá se había olvidado de realizarse como persona». Como su punto de vista me pareció acertado le pregunté si quería mantener la relación y como me contestó que sí, entonces le sugerí que pensara cómo podía favorecer su deseo.

Para no alargar el desenlace de una terapia que duró seis meses, durante los cuales la pareja realizó cuatro visitas conjuntas y tres cada uno de ellos por separado, el caso tuvo la siguiente evolución:

- En la primera sesión conjunta, ambos acordaron no celebrar el aniversario de boda y Laura decidió marcharse unos días para reflexionar y leer los libros que yo le había recomendado.

- En las sesiones individuales, Laura llegó a la conclusión de que quería divorciarse pero manifestaba cierto temor a la reacción de Pedro.

- En las sesiones individuales, Pedro llegó a la conclusión de que para recuperar a su mujer debería arriesgarse a perderla y aceptó el divorcio con un convenio regulador en el que quedó claro su interés por salvaguardar el bienestar económico de Laura.

En definitiva, durante el transcurso de la crisis Laura quedó tan gratamente impresionada por el comportamiento de Pedro, que en la última consulta que mantuve con ellos habían decidido seguir divorciados pero reanudar la convivencia, ya que Laura había tomado conciencia de que parte de los comportamientos de Pedro que no le gustaban, los había propiciado ella misma, y Pedro llegó a la conclusión de que las quejas de Laura eran tan razonables que lo sensato era aplicar la filosofía de que «la pareja funciona mejor por lo que aporta que por lo que pide» y decidió actuar en consecuencia.

Espero que este caso ayude a reflexionar a quienes creen que cada uno es como es, para que acepten que también pueden ser de otra manera, porque si no lo hacen sus posibilidades de mejora serán mínimas y probablemente entrarán en regresión o incluso volarán hacia el país de Nunca Jamás, desde donde les resultará difícil volver al país del Presente y el Ahora. Pero si consideran que el comportamiento de Pedro ha sido el correcto, pónganse los primeros en la lista de la automejora y empleen su tiempo, inteligencia y voluntad en desarrollar sus potenciales. De esa manera podrán comprobar que efectivamente es cierto que quien mejora enamora, porque al hacerse mejores se habrán hecho también más queribles para un mayor número de mujeres entre las que seguramente encontrarán la adecuada para ustedes.

LAS MUJERES QUERIBLES

Ojalá les pudiera decir a las mujeres algo similar a lo que les he dicho a los hombres. El problema es que eso no es posible porque al estar ellas mejor, obtienen menos beneficios con la mejora. No olviden que, de acuerdo con lo argumentado, las mujeres que mejoran no son las que más enamoran, sino las que tienen más dificultades para encontrar parejas adecuadas.

En ese sentido, la única «ventaja» de las supermujeres es que, precisamente por serlo, tienen un grado de madurez que las habilita para gestionar su realidad amorosa de forma adaptativa, tanto si tienen pareja como si viven en singular, porque al bastarse a sí mismas no necesitan implicarse en relaciones que no aporten suficiente calidad a su bienestar global. Por eso, curiosamente, suelen ser ellas las que se permiten repetir, con toda autoridad, aquel viejo refrán que decía una anciana vecina cuando yo era niño: «Para emborracharse que sea de buen vino». Y como los hombres, como el vino, también necesitan tiempo para mejorar, muchas mujeres saben alimentarse de su propia sobriedad mientras algunas contemplan, además, la posibilidad de mantener relaciones «estables», que ya no serán como en los tiempos de sus madres o de sus abuelas porque ellas ya son mujeres de hoy que solo están dispuestas a compartir su futuro con hombres que han sabido crecer.

LAS PAREJAS DEL FUTURO

Que en varios de mis libros la cuestione, no quiere decir que no crea en la pareja, más bien soy un defensor autoconsciente que intenta combatir sus imperfecciones para poder optimizar sus posibilidades. En ese sentido creo lo mismo que creía Winston Churchill de la democracia cuando dijo que *era el peor sistema de gobierno que existía si se exceptuaba a todos los demás*. Cambien ustedes «democracia» por «pareja» y tendrán una idea exacta de mi opinión sobre la forma en la que hemos estructurado la célula básica de nuestro modelo de sociedad. En definitiva y para sintetizar mi posición sobre el futuro de la pareja, mi planteamiento es el siguiente:

> Ya que las parejas del pasado no tienen futuro, por qué no nos dedicamos a mejorar las parejas del presente.

Ya ven que el enfoque es muy sencillo, aunque su articulación presenta algunas dificultades prácticas que hemos de intentar resolver, porque ni las comunas, ni los kibutz, ni la poligamia, ni la poliandria, han funcionado como alternativa a la monogamia. Por eso no nos queda más remedio que aceptar que *la única alternativa a la pareja es una pareja mejor*.

Ya sé que el planteamiento parece tautológico pero no existe otro camino viable. La sociedad en su conjunto se encuentra en una encrucijada de tal magnitud que justificaría que cada uno de nosotros se dirigiera urgentemente a su cerebro pensante, a la manera que lo hicieron los astronautas del Apolo XIII para exclamar: «Houston, tenemos un problema» y reconociera, desde la aceptación superadora, que efectivamente tenemos un contencioso de dimensión cósmica cuando, además de no saber resolver la desigualdad social y el reparto injusto de la riqueza, añadimos ahora una nueva variante de injusticia en la que las mejores mujeres ven limitadas sus expectativas amorosas, mientras que los mejores hombres optimizan las suyas de forma substancial.

Pero como los humanistas y los optimistas miran al futuro con ojos de esperanza y yo soy ambas cosas, les voy a hacer una propuesta en positivo que puede resolver parcialmente ese problema porque podrán contar con la ayuda de alguien que tiene una fuerza extraordinaria y que ya ha acreditado sobradamente que puede conseguir grandes cosas, me refiero a *su propio potencial de crecimiento interno*. Ahí tienen la llave que les permitirá gestionar mejor su realidad amorosa y cambiarla si lo consideran necesario. Y como ya conocen cómo pueden aumentar la seguridad y la madurez, ahora solo les falta que les diga cuáles son los requisitos que permiten que las parejas funcionen suficientemente bien como para que no tengan que separarse al poco tiempo.

Los cuatro secretos del buen funcionamiento de la pareja

De hecho es un «secreto» a voces porque se está propagando desde que lo revelé en *Amor al segundo intento*, pero como lo que dije entonces sigue siendo válido hoy con más razón, porque los problemas de pareja se han agudizado a medida que el desconcierto amoroso se ha generalizado, les voy a hablar de la única fórmula que en la práctica se ha mostrado eficaz para favorecer el amor armónico.

Consta de cuatro puntos que se superponen unos a otros, y que todos juntos forman un sólido lazo cuando las dos personas que lo constituyen saben gestionarlos con la suficiente habilidad. Aunque, para ser más preciso, quizá más que de un «lazo» debería hablar de una pirámide, parecida a la de Maslow, en la que en la base estaría *saber escoger* y sobre ella se situaría *saber construir, saber gestionar y saber corregir*.

Todo lo que les voy a decir sobre cómo utilizar la sabiduría para construir esa pirámide que posibilita el buen funcionamiento del vínculo amoroso ya está desarrollado, con palabras parecidas e intención idéntica, en los capítulos anteriores, pero precisamente por la importancia que tienen para su futuro amoroso voy a repetirlo, sin ser reiterativo, porque partiré de lo que ya he dicho *para reforzar el mensaje de lo que voy a decir*, empezando por lo primero que no puede faltar si queremos construir un amor que pueda perdurar.

Saber escoger

Si tienen presente lo argumentado en el capítulo 9 y recuerdan el modelo de pareja ideal de la figura 14, no les resultará difícil que el Adulto haga una buena elección porque tanto el Niño como el Padre aportarán la información necesaria para conseguirlo. La dificultad práctica de llevar a buen término esta primera fase se les plantea únicamente a las supermujeres, porque al ser más selectivas limitan sus posibilidades de elegir y ser elegidas. No olviden que mi motivación principal para escribir el libro ha sido –precisamente– denunciar ese inconveniente y contribuir a repararlo en lo posible. Sin conseguir salvar este primer escollo, es imposible que las supermujeres puedan reducir la desventaja numérica en la muestra de hombres disponibles, aunque en los otros tres apartados tengan mayor margen de intervención porque su mayor madurez actúa de correctora de esta primera dificultad.

Saber construir

Uso el verbo *construir* para referirme al segundo secreto que posibilita el buen funcionamiento de la pareja porque, para facilitar la comprensión de los factores que deben configurarlo, voy a comparar la pareja con una casa. La casa-pareja se construye sobre unos cimientos que son los que aporta la buena *elección* y sobre ella se asientan las paredes y el techo, que son los que hemos de saber *construir*, y dentro de ella hemos de empezar a vivir, que es lo que hemos de saber *gestionar*, pero en esa convivencia se produce un desgaste que es el que debemos aprender a *corregir* haciendo las *aportaciones* que consideremos necesarias para que ese hogar sea digno de ser habitado.

Ya que hablo de la fase de construcción, les voy a pedir que las mesas, las sillas y las camas que se instalen dispongan –todas ellas– de cuatro robustas patas, porque las van a necesitar para asegurarse la calidad de la relación. Las de la mesa para soportar el peso de la convivencia, las de las sillas para poder dialogar sin desestabilizarse y las de las camas para poder intimar y descansar. Solo desde esa estabilidad la pareja podrá entrar en la tercera fase con posibilidades de mantenerse como tal.

Saber gestionar

Ya he dicho, en el apartado de la matemática de los sentimientos, que en la pareja nada es irrelevante y que todo lo que no suma resta, aunque en este sentido también hay diferencias de género puesto que las mujeres, debido a su mayor expectativa de calidad y a su mejor memoria emocional, les resulta más difícil estar satisfechas con la relación, porque les cuesta olvidar los malos momentos. De ahí que resulte frecuente que una mujer recrimine a su pareja cosas que ocurrieron quince o veinte años atrás, mientras que el hombre considera que eso ya debe estar olvidado o suficientemente asimilado. En función de esa diferencia de género no es fácil ofrecer un modelo fiable para gestionar con éxito los problemas propios de la vida cotidiana de la pareja. La única recomendación práctica que puede paliar el nefasto efecto que produce la acción concertada de los principios de habituación y saturación es la de intentar minimizar su incidencia incorporando las siguientes pautas a la relación:

1. Procure que la costumbre no se convierta en aburrimiento.
2. Procure que la estabilidad no se convierta en rutina.
3. Recuerde que la pareja funciona mejor por lo que aporta que por lo que pide.

Y es precisamente este último aspecto el que se constituye en el elemento rector y principal componente del cuarto nivel de la pirámide.

Saber corregir

Lo primero que me apresuro a decir es que cuando hablo de «corregir» no me refiero a censurar, criticar o intentar cambiar al otro, sino a corregirse uno mismo, en el sentido de mejorarse. Por tanto, se trata de una autocorrección orientada al perfeccionamiento, ya que de esa manera se beneficia tanto el protagonista como las personas que le rodean, entre las cuales suele encontrarse, casi siempre, su pareja.

Por si fuera poco el efecto benéfico de la autocorrección en la calidad de la convivencia, resulta que además tiene un efecto suplementario extraordinario sobre la percepción conjunta de la comodidad relacional, porque *quien se mejora a sí mismo siempre aporta cosas buenas a sus allegados*. Por tanto, solo desde el mejoramiento, de cada uno, ambos miembros de la pareja quedan en disposición de hacer aportaciones al bienestar común.

Así que ya lo saben: si quieren rentabilizar al máximo este cuarto secreto, recuerden que *criticar a los otros no nos mejora a nosotros*, e inviertan su energía en autocrítica aplicando su inteligencia constructiva al servicio de su mejoramiento. Verán que de esa manera no solo se harán más queribles, sino que conseguirán que sus parejas funcionen mejor e incluso que ustedes funcionen bien sin necesidad de tener pareja.

De hecho, todo mi discurso sobre el desencuentro amoroso y la problemática propia de los hombres y mujeres de la generación X solo podrá tener efectos prácticos si quienes se sienten aludidos llegan a la conclusión de que mis teorías, reflexiones y recomendaciones les sirven para estar mejor con ellos mismos tanto si tienen pareja como si deciden vivir en singular. Por eso, este trabajo quedaría incompleto si después de indicarles las cosas que pueden hacer para estar mejor con ustedes mismos, no les diera también mi opinión sobre cuáles son los requisitos que favorecen que una pareja funcione de un modo tal que ambos componentes deseen perpetuarla, sin que sea una condena.

MI TEORÍA DE LA PAREJA

Todo lo que voy a decir es una síntesis de las ideas fundamentales desarrolladas en mis libros: *El nuevo arte de enamorar, Sexo sabio* y *Amor al segundo intento*. En cada uno de ellos doy importancia a cosas distintas pero todas son necesarias para consolidar la pervivencia del amor y preservarlo de su propio deterioro; porque el amor, como la vida, nace, se desarrolla, envejece y muere. Así pues, el margen de acción que tenemos al respecto consiste en procurar que nazca bien, que se desarrolle adecuadamente y que envejezca y muera con dignidad. Cuando ese margen se gestiona hábilmente incluso se puede conseguir que un único amor pueda durar tantos años como la vida de sus protagonistas, aunque esa posibilidad es cada vez menos probable.

En cambio, lo que sí está a nuestro alcance es disfrutar de las buenas relaciones y aprender de las malas, para que todas sean mejores. Por eso, teniendo en cuenta todo lo que yo he vivido en mis relaciones y todo lo que he aprendido con las más de mil parejas que he tratado, he llegado a unas conclusiones sobre los aspectos básicos que permiten su óptimo funcionamiento. Y como ya he hablado de los requisitos que facilitan una buena elección y de los secretos de la pirámide que refuerza la convivencia, ahora solo me falta tratar de aquellas cosas que pueden hacerla más o menos perdurable.

Las cuatro patas de la pareja estable

Este apartado puede considerarse un apéndice del secreto de *saber construir*, pero tiene una entidad propia y una utilidad global al servicio de la cohesión y permanencia del vínculo, porque cada uno de los factores que voy a mencionar es necesario para la pareja pero ninguno de ellos es suficiente en solitario. Por eso, al referirme a ellos, utilizo la metáfora de comparar la pareja con una mesa para reforzar la idea de que si sus componentes quieren convivir en armonía, necesitan cuatro piernas y cuatro patas. Las cuatro piernas son las de las dos personas que la forman, y lo ideal es que se sientan libres para poder andar juntas, o por separado, según les convenga. Y las cuatro patas son las de la «mesa» de la convivencia y esas han de estar adecuadamente distribuidas y ser muy sólidas para aguantar el peso que la vida cotidiana les pone encima.

Cada pata es importante y si falla una de ellas la mesa pierde estabilidad, pero como no hay dos parejas iguales, lo que debe valorar cada una de ellas es la solidez relativa que debe tener cada pata, sabiendo además que la primera, con los años, se debilita y que, en función de ello, resulta de suma importancia que las otras tres sean de una madera que aguante las inclemencias del tiempo. Dicho esto, solo me resta añadir que las cuatro patas son: *el buen acoplamiento sexual, los caracteres suficientemente compatibles, una escala de valores similar* y *un proyecto de vida convergente*.

Una vez enumeradas voy a desarrollarlas brevemente para que ustedes puedan evaluar hasta qué punto han estado presentes en su pasado y la importancia que deben tener en su futuro.

El buen acoplamiento sexual

Siendo la pata generatriz, porque la mayoría de parejas estables han sido primero parejas sexuales, he hablado poco de la importancia de la sexualidad porque es evidente que la generación X tiene suficiente experiencia al respecto como para evaluar empíricamente la importancia de interactuar desde la regla de oro descrita en el capítulo 9. Por consiguiente solo me limitaré a añadir que *la pareja no puede vivir solo con sexo pero tampoco sin sexo*. Dentro de ese axioma, el margen de maniobra es amplio pero ha de ser coincidente. Hay personas que «necesitan» hacer el amor cada día y otras que se sienten perfectamente cómodas con mantener relaciones cada quince días o una vez al mes. Lo importante es que ambos componentes coincidan tanto en la frecuencia como en los rituales que desean practicar y que los dos queden suficientemente satisfechos de la experiencia común.

Los caracteres suficientemente compatibles

Por fortuna, a cierta edad y en virtud de las experiencias previas acumuladas, la mayoría de las personas están en condiciones de discriminar perfectamente si la forma de ser y actuar de su potencial pareja está en sintonía con la propia. Pero si requieren de mayor información, tengan en cuenta lo que he dicho en el capítulo 9 sobre los criterios iniciales de selección, porque a partir de los requisitos de comodidad relacional y orgullo social, que evidentemente se correlacionan y posibilitan la compatibilidad caracterial, existe otra variable en la personalidad que no depende propiamente del carácter pero que influye benéficamente en él. Me estoy refiriendo a la madurez. En el capítulo 5 ya les he informado de la importancia capital que tiene como facilitadora de la felicidad y optimizadora del atractivo personal, y ahora añadiré que es también la gran correctora de las diferencias de carácter que puedan existir entre los componentes de la pareja. Incluso me atrevo a decir que, dentro de unos determinados límites de discrepancia, la pareja funciona mejor por el grado de madurez de sus componentes que por la óptima sintonía de sus respectivos perfiles caracteriales.

Esa es la razón por la cual les aconsejo que sean un poco menos exigentes con el perfil ajeno e inviertan parte de su energía en su propio proceso de perfeccionamiento. De hecho, la reconversión de la exigencia hacia los demás en energía al servicio de la automejora es lo que ha permitido que muchas mujeres se conviertan en supermujeres. Ellas son la evidencia de que existe un camino que los hombres también pueden seguir, que no solo perfecciona a quien lo anda, sino que además beneficia a quienes le acompañan.

Una escala de valores similar

A los valores les ocurre lo mismo que a los caracteres; no hace falta que sean iguales pero han de ser conciliables en un doble aspecto: en su naturaleza y en su jerarquía. Y a veces ocurre que la coincidencia inicial, en los primeros, nos juega malas pasadas como consecuencia de lo segundo.

Para que tengan una idea clara de lo que quiero decir utilizaré el ejemplo de la encuesta sobre la valoración subjetiva de la felicidad de la que hemos hablado en el capítulo 1. Imaginemos a una pareja que empieza a convivir porque entre sus muchas coincidencias está también que los dos comparten una escala de valores en la que en los primeros lugares figuran la realización personal y el amor armónico. Por tanto, la naturaleza de sus valores sería teóricamente sintónica aunque en la práctica podrían surgir problemas de relación si uno situara en primer lugar el amor armónico y el otro la realización personal.

¿Qué ocurriría en ese caso si el segundo recibiera una oferta de trabajo que fuera óptimamente realizador y esa propuesta implicara una deslocalización que la otra parte no está dispuesta a asumir? ¿Debería esa persona renunciar a su realización personal por amor, o debería aceptar su pareja, sin desearlo, un cambio de ciudad, país o continente para conservar el amor?

Ahí tienen ustedes una disyuntiva teórica de repercusión muy real, porque en estos momentos millones de parejas de todo el mundo deben afrontar decisiones cruciales de esta naturaleza. Pero, por si fueran pocos los problemas que pueden surgir en la entidad y jerarquía de los valores, cabe recordar también que la matemática de los sentimientos ejerce sobre ellos un efecto implacable, porque lo que al principio era una gran virtud de la pareja, con el tiempo se convierte en un gran defecto, que incide negativamente en la comodidad relacional. Quien antes era trabajador ahora lo vemos como un obseso del trabajo, quien antes era simpático ahora nos parece superficial y quien antes parecía serio y cabal, resulta que ahora es rematadamente aburrido.

De acuerdo con esos ejemplos, supongo que queda claro que, de entrada, las coincidencias deben ser máximas y las divergencias mínimas, porque el tiempo de convivencia ya se encargará de reducir las primeras y aumentar las segundas. En definitiva y como último mensaje en relación a la similitud de los valores de la pareja, que también es válido para la complementariedad caracterial, recuerden que el exceso de virtudes puede convertirse en un defecto pero que *el exceso de defectos nunca será una virtud*. Esa es la razón por la cual deben asegurarse de que las cosas que les unan sean muchas y las que les separen pocas, ya que solo desde esa doble coincidencia tiene sentido instalar la cuarta pata.

Un proyecto de vida convergente

Una de las pocas cosas que recuerdo, de las que aprendí en la escuela, es que dos líneas rectas pueden ser paralelas, convergentes y divergentes. Años después, cuando me inicié como terapeuta, intuí que aquellas propiedades de las líneas que había aprendido en las clases de geometría podían resultar de gran utilidad para explicar la trayectoria de las parejas, porque efectivamente hay parejas divergentes, las que se separan; las hay que son convergentes, las que se fusionan; pero también existen las que siguen siendo paralelas pero se mantienen cerca enriqueciéndose de la compañía.

Esas últimas son las que funcionan mejor y las que pueden tener una vida en común más larga, precisamente porque ni se fusionan ni se distancian, lo cual, dicho en clave más positiva, significa que *consiguen estar con el otro sin dejar de ser ellos mismos*. Con esa idea doy por acabadas mis reflexiones sobre los requisitos que debe poseer la pareja para convertirse en la *tercera fuente de la felicidad*, recordándoles que las otras dos son la congruencia interna y la realización personal. Para acabar, y como quiero ayudarles a que retengan la imagen de la mesa de la convivencia, la voy a dibujar para ustedes, deseándoles que puedan sentarse alrededor de una parecida, pero de verdad, para estrechar sus manos con las de la persona amada.

LAS CUATRO PATAS DE LA PAREJA ESTABLE

Carácteres suficientemente compatibles

Proyecto de vida convergente

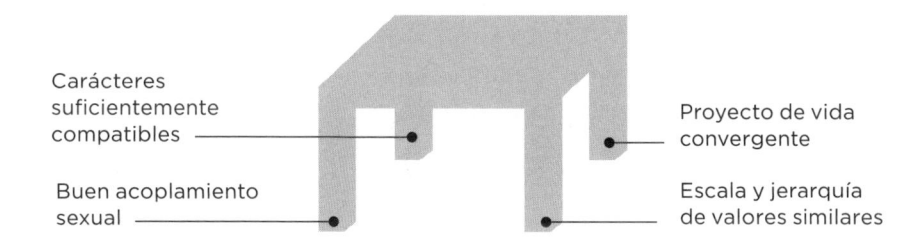

Buen acoplamiento sexual

Escala y jerarquía de valores similares

Figura 15. Las cuatro patas de la mesa de la convivencia.

Aquí tienen el modelo que defiendo, porque he comprobado que es el más válido para aquellas personas que consideran que –para vivir en pareja– no es necesario dejar de ser uno mismo, sino que basta con madurar lo suficiente. Eso es lo que les deseo a los hombres desorientados y a las mujeres decepcionadas, porque si lo consiguen crecerá el número de hombres en progresión y de mujeres autosuficientes, hasta un punto en el que las supermujeres ya no padecerán el síndrome ni necesitarán el superlativo, porque lo que habrá aumentado es el número de personas de ambos sexos que, precisamente por ser autónomas, seguras y maduras, se unirán voluntariamente para compartir sus plenitudes, porque previamente habrán comprobado –en ellas mismas– que cuanto menos necesitas el amor, antes lo encuentras.

DEL MEJORAMIENTO PERSONAL AL AMOR ARMÓNICO

Donde hay amor no hay señor, todo lo iguala el amor.
Félix Lope de Vega

Lo que dijo Lope de Vega, supongo que en un arrebato de romanticismo, no era cierto en su época, pero es de esperar que fuera un deseo premonitorio que se está cumpliendo cuatro siglos después gracias a personas que, como él, se avanzaron a su tiempo y ayudaron a cambiar el mundo. Y como el mundo avanza a trancas y barrancas sufriendo crisis y superando dificultades, aquí estamos los hombres y las mujeres del siglo XXI intentando crear un nuevo modelo de relaciones amorosas digno de merecer tal nombre.

Durante once capítulos he intentado explicar lo mejor que he sabido de dónde vienen, cómo están y hacia dónde van las relaciones de pareja. Todo lo que he dicho es fruto de mis reflexiones sobre la experiencia clínica y por tanto es difícilmente refutable, excepto en su magnitud. Unos dirán que no hay para tanto y otros opinarán que me quedo corto, pero en cualquier caso pocas personas podrán argumentar con fundamento que el desconcierto amoroso y la crisis en el modelo de relaciones de género no es una realidad tangible que puede observarse ya en cualquier lugar de esta sociedad global, que ha sido incapaz de lograr la armonía pero ha universalizado la insatisfacción.

Creo que a estas alturas de la historia y en un mundo neurotizado y neurotizante, donde han fracasado las ideologías como fuentes de creación de una felicidad posible, los psicólogos tenemos la responsabilidad personal y corporativa de aportar iniciativas que contribuyan a mejorar a las personas para favorecer su equilibrio y facilitar su felicidad.

Ese ha sido el propósito de este ensayo sobre un nuevo factor emergente de inestabilidad emocional que afecta por igual, aunque por motivos contrapuestos, a todas las personas que todavía creen en el amor y consideran que la pareja estable es una buena vía para encauzarlo y hacerlo perdurable. Y puesto que he compartido con ustedes mi teoría de la felicidad, mi teoría de la seguridad y me teoría de la pareja, espero y deseo que alguna de ellas les permita obtener resultados prácticos y puedan experimentar que quien aprende a positivar el sufrimiento no solo se hace más maduro, sino que con ello se hace más querible y tiene más posibilidades de alcanzar el amor armónico.

Decía Bernardo de Balbuena que «no darás tropezón ni desatino que no te haga adelantar camino». No me extraña que la cita sea de un sacerdote porque invita al sacrificio para estimular el aprendizaje vital a través del sufrimiento productivo. Y como el mensaje que he querido transmitirles es que aprender de lo vivido ayuda a vivir mejor, espero que me perdonen que recurra a una rima escrita hace cuatro siglos para sintetizar mi propuesta de solución a un problema actual que viene de muy antiguo: la dificultad de vivir en amor –con otra persona– sin dejar de ser uno mismo.

Por consiguiente, tanto si es usted un hombre desorientado como una mujer decepcionada, espero que se haya sentido aludido –para bien– en alguna de las cosas que he dicho, porque eso significa que la definición del amor que encabeza el capítulo 2 puede transformarse en otra que me gusta mucho más. Es del doctor López Ibor y dice: «El amor es la comunión de dos almas y el contacto de dos epidermis». Como la cita destila poesía déjenme que termine el libro en esa clave, dedicándoles una fábula en la que intento sintetizar todo el mensaje que he querido transmitirles.

FÁBULA DE LA SUPERMUJER Y EL HOMBRE DESORIENTADO

SM: Por mí crecí, pero de ti me alejo.
Amores doy, pero de ti no tengo.
El mundo avanza
y tu poder me cansa.
H: Vengo de un tiempo
en que mandar podía,
pero ahora acepto
que era en demasía.
SM: Justo es el cambio
si evita nuestro daño,
pues no conviene
el orden que hubo antaño.
H: Razón te asiste
mas beneficios pierdo
si tus demandas
con diligencia atiendo.
SM: Esa objeción me alcanza,
mas si de amores hablas
mejor que la avenencia
quede en tablas.

De un mismo árbol dos sexos son el fruto
y juntos podrán administrar placeres
si aciertan el modo de acompasar deberes.

EL AUTOR

NOTA AL LECTOR

Dijo en cierta ocasión Enrique Jardiel Poncela que «la mujer y el libro que han de influir en una vida llegan a las manos sin buscarlos». Naturalmente el genial comediógrafo se refería a los hombres, pero lo que él declaró, hace ocho décadas, quiero utilizarlo hoy para dirigirme a todos ustedes sin distinción de sexo, edad y estado civil, deseándoles que este ensayo les sirva para gestionar mejor su pasado, su presente y su futuro amoroso.

Como han podido comprobar, he comparado la pareja a cosas tan distintas que espero que las sucesivas metáforas de la pirámide, la casa, la mesa y la silla les ayuden a convertirse en buenos arquitectos de un hogar donde puedan convivir en amor.

Esa ha sido la intención que inspira esta obra y espero que ahora, cuando han acabado de leer el libro, su opinión sobre las soluciones aportadas coincida con mi deseo de que les resulten de utilidad.

Reciban un atento saludo y gracias por su atención.

ANTONI BOLINCHES
Psicólogo Clínico y Terapeuta de Pareja
Escritor y Pensador Humanista
Creador de la Terapia Vital
www.abolinches.com

ÍNDICE DE FIGURAS

Fig. 1   Cuadro resumen de los resultados de la encuesta sobre la valoración subjetiva de la felicidad 20

Fig. 2   Pirámide de necesidades de Maslow 22

Fig. 3   Esquema de la evolución de las personas hacia la madurez o hacia la neurosis 39

Fig. 4   Cuadro comparativo de evolución contrapuesta del joven seductor 40

Fig. 5   Cuadro comparativo del perfil de comportamiento maduro y neurótico 49

Fig. 6   Cuestionario sobre la valoración subjetiva de la seguridad 64

Fig. 7   Cuadro resumen de la autoevaluación de la seguridad de las mujeres que han servido de base para tipificar el síndrome 66

Fig. 8   Cuadro resumen de las motivaciones de la demanda de apoyo psicológico 70

Fig. 9   Cuadro resumen del proceso de desarrollo vital de las supermujeres 82

Fig. 10 Esquema de las correlaciones entre los factores de riesgo y los comportamientos que conducen al síndrome 88

Fig. 11 Esquema del funcionamiento psicológico que determina el comportamiento 95

Fig. 12 Cuadro resumen de la evolución de las supermujeres que han seguido el protocolo para la superación del síndrome ... 105

Fig. 13 Esquema de la dinámica psicológica que facilita la aceptación superadora del sufrimiento 108

Fig. 14 Modelo de pareja ideal decidida desde el egoísmo positivo 114

Fig. 15 Las cuatro patas de la mesa de la convivencia 153

ÍNDICE DE CASOS

Capítulo 6
Caso 1. El caso de la millonaria exigente 77

Capítulo 7
Caso 2. El caso de la directora general que se enamoró de su chófer 89

Capítulo 8
Caso 3. El caso del amor que nació del desamor 106

Capítulo 9
Caso 4. El caso de la profesora que no superó el prejuicio étnico... 121

Capítulo 10
Caso 5. El caso de la empresaria que quiso ayudar a su nueva pareja 133

Capítulo 11
Caso 6. El caso del hombre que aceptó el divorcio para recuperar a su mujer 142

GLOSARIO DE CONCEPTOS BÁSICOS

Aceptación superadora: Forma de aceptar la realidad a partir de la cual la persona decide actuar para influir sobre ella. Para lograrlo el Adulto inicia un *diálogo interior* con el Padre y con el Niño para que este entienda *las renuncias o esfuerzos* que tendrá que realizar para modificar las actitudes y conductas que el Adulto considere necesarias para el logro de sus objetivos.

Actitud: Disposición previa a la acción que determina la forma en que la persona afronta la realidad e influye sobre la manera de reaccionar ante ella.

Actitud positiva: Forma de afrontar la acción desde una disposición favorable porque las tres partes del Yo consideran que la tarea a realizar es adecuada y realizadora para el Adulto.

Adulto: Parte del Yo que cumple una doble función en el equilibrio y maduración del sujeto. Con respecto al equilibrio, actúa de intermediario para conciliar las necesidades del Niño con las limitaciones que el Padre impone a su satisfacción. Y para favorecer la maduración, recaba información del mundo externo para ponerla al servicio del diálogo interior y facilitar que las decisiones sean las más adecuadas para su propio desarrollo.

Amor: Vinculación afectivo-sentimental-sexual que desea pervivir como proyecto estable.

Amor armónico: Aquel que se establece entre dos personas maduras que deciden juntar sus vidas en un proyecto común de convivencia para compartir sus plenitudes. Para que pueda considerarse como tal debe reunir cuatro requisitos: buen acoplamiento sexual, compatibilidad de caracteres, escala de valores similar y proyecto de vida convergente.

Amor sintónico: Aquel que reúne el doble requisito de un buen acoplamiento sexual y suficiente compatibilidad de caracteres.

Aprendizaje vital: Asimilación positiva de la realidad que contribuye al proceso de maduración del sujeto. Se produce cuando la persona es capaz de transformar las vivencias en experiencias.

Autoconcepto: Conjunto de cualidades intelectivas, caracteriales y de personalidad de un sujeto que cuando se utilizan adecuadamente se refuerzan a sí mismas y sirven para corregir o mitigar los aspectos de la autoestima, de la autoimagen o de la competencia sexual que se han constituido en fuente de inseguridad. Es el tercer pilar de la seguridad y el más asequible al cambio a través de la autocrítica y la intervención terapéutica.

Autoestima: Percepción que tiene la persona de ser digna de ser querida en función de cómo se ha sentido querida en la infancia más los refuerzos afectivos posteriores. Es el factor primero y primigenio de la seguridad porque empieza a desarrollarse en la infancia temprana.

Autoimagen: Percepción que tiene el sujeto de su propio atractivo físico. Se establece definitivamente después de los cambios anatómicos propios de la adolescencia. Se configura en función de los parámetros psicoestéticos imperantes y en relación al atractivo de las personas que se toman como referente. Es el segundo pilar de la seguridad personal.

Balance existencial: Ejercicio que propone el autor para que las personas tomen conciencia de cuál es su realidad vital y determinen si deben introducir algún cambio en su vida.

Bondad: Tendencia del comportamiento que resulta del compromiso que una persona adquiere consigo misma para que el derecho a la satisfacción de sus necesidades no perjudique a terceras personas. A partir de un determinado grado de madurez, la bondad se alimenta a sí misma y se convierte en una de las cuatro facultades del potencial humano que contribuyen al mejoramiento personal.

Bondad buena: La que surge de forma natural cuando una persona, suficientemente madura, decide activar una acción bondadosa.

Capacidades psicológicas: Cualidades y aptitudes que las personas pueden desarrollar porque forman parte de su naturaleza y están infrautilizadas.

Carácter: Comportamiento consciente autorregulado y, por tanto, asequible al cambio a través de la acción voluntaria del individuo.

Carácter inmaduro: Es el propio de las personas jóvenes que han sido educadas en un modelo demasiado permisivo. En su conducta predomina un Niño caprichoso que se caracteriza por la poca resistencia a la frustración. Puede evolucionar hacia el perfil maduro si activa su capacidad de educar al Niño y desarrollar el Adulto. Cuando no lo consigue el perfil puede cronificarse hasta constituirse en carácter neurótico.

Carácter maduro: Aquel que se forma con los años a partir de los perfiles inmaduro, reprimido o neurótico, cuando la persona aprende de sus errores gracias a la aplicación del sufrimiento productivo y a la aceptación superadora de su realidad.

Carácter neurótico: Aquel que se forma con los años a partir del perfil inmaduro cuando el sujeto no encuentra un cauce adecuado para el desarrollo de su Adulto.

Comodidad relacional: Sensación de bienestar que se produce cuando dos personas pueden estar juntas sin dejar de ser ellas mismas y pueden manifestarse libremente sin miedo a la reacción respectiva. Junto al orgullo social forman las dos condiciones que ayudan a elegir un buen sujeto amoroso.

Competencia sexual: Cuarto pilar de la seguridad personal. Está relacionado con la autoestima, la autoimagen y la propia valoración del sujeto con respecto a su anatomía sexual y su capacidad de dar y recibir placer. Es la menos universal de las cuatro fuentes de afirmación y presenta notables diferencias de género, pero resulta relevante para más del 80% de la población entre los 20 y los 60 años de edad.

Complejo: Vivencia desproporcionada de un defecto que limita o resta seguridad a quien lo padece.

Conductas de autoafirmación: Determinaciones que toma la persona a favor del desarrollo o fortalecimiento del Adulto, después de haber realizado el diálogo interior adecuado. Pueden expresarse en dos modalidades: las de acción, que consisten en incorporar nuevas iniciativas o pautas conductuales que el Adulto considera adecuadas para resolver problemas, desarrollar virtudes y corregir defectos: y las de omisión, que consisten en dejar de hacer aquello que el propio Adulto considera que perjudica su estabilidad, o va en contra de su desarrollo.

Conflicto: Colisión de intereses y sentimientos que tienen lugar durante la fase de resolución de un problema.

Congruencia interna: Armonía interior que se alcanza cuando el Adulto se convierte en el principal rector de la conducta y es capaz de conseguir que tanto el Niño como el Padre acepten sus decisiones sin frustración ni sentimiento de culpa.

Constitución: Base genética que determina el perfil fisiológico y antropomórfico del individuo.

Crisis: Cambio súbito que se produce en las claves de relación de la pareja como consecuencia de la aparición o resolución de un problema.

Crisis psicoestética: Propia de las inseguridades que produce la transformación corporal de la adolescencia. Cuando se supera adecuadamente contribuye a mejorar la autoimagen.

Decisiones cruciales: Conductas de autoafirmación, de mayor rango y trascendencia, que marcan un punto de inflexión en la trayectoria de una determinada persona porque contribuyen de manera significativa a su proceso de maduración. Pueden expresarse en forma de iniciativas de cambio o en forma de responsabilidades asumidas.

Diálogo interior: Intercambio de puntos de vista –entre los tres estados del Yo– orientado a compatibilizar el placer suficiente que necesita el Niño con el deber necesario que recomienda el Padre. Para realizar esa función el Adulto escucha los argumentos del Niño y del Padre y, a su vez, se informa de los referentes de comportamiento del mundo externo que le parecen adecuados para su propio desarrollo. Es por tanto una conversación que, si se realiza bien, permite que la persona gane seguridad y se oriente hacia la madurez porque el Adulto se fortalece gracias a que, con la ayuda del Padre, consigue educar al Niño.

Egoísmo: Tendencia del comportamiento con la que el sujeto intenta satisfacer sus necesidades y preservar sus intereses. Para que no resulte nocivo para la convivencia debe reconvertirse en egoísmo positivo.

Egoísmo positivo: Forma de regular y ejercitar el egoísmo que permite satisfacer las propias necesidades sin conculcar el derecho de los demás a satisfacer las suyas. Para hacerlo posible la persona debe actuar desde el Adulto o a favor de él, hasta un punto que contribuya a su congruencia.

Estados del Yo: Forma en que Eric Berne se refiere a las tres partes psicológicas que intervienen en la orientación del comportamiento. Las denomina Padre, Adulto y Niño, y la interacción que se establece entre ellas determina las distintas claves de relación que la persona puede establecer consigo misma y con su entorno.

Evolución personal: Proceso mediante el cual la persona va ganando seguridad y madurez a medida que va asimilando adecuadamente sus experiencias vitales.

Facilitadores de la felicidad: Forma de calificar las vías a través de las cuales las personas experimentan la vivencia de felicidad. Según el autor las tres principales son: la congruencia interna, la realización personal y el amor armónico.

Facultades del potencial humano: Capacidades psicológicas susceptibles de ser desarrolladas que, cuando se activan, contribuyen al mejoramiento personal. Según el autor las cuatro más importantes son la actitud positiva, la inteligencia constructiva, la voluntad y la bondad.

Felicidad: Estado de bienestar psicofísico que se alcanza cuando la persona tiene suficientemente satisfechas sus necesidades básicas.

Felicidad consumista: Aquella que se fundamenta en el disfrute de fuentes de placer basadas en el confort y el consumo.

Felicidad humanista: Aquella que fundamenta su obtención en la mejora de la seguridad y en el desarrollo de las capacidades personales.

Felicidad madura: Aquella que resulta de la conjunción de un Niño suficientemente gratificado, un Adulto adecuadamente realizado y un Padre satisfecho por el comportamiento de ambos.

Fórmula: Combinación de factores que se convierten en norma para alcanzar un fin.

Herramientas psicológicas: Estrategias autorreflexivas que adecuadamente utilizadas favorecen la seguridad y la madurez personal. En el ámbito de este ensayo las principales son la aceptación superadora, el diálogo interior, las conductas de autoafirmación y el sufrimiento productivo.

Hombres en reacción: Aquellos que estando en regresión toman conciencia de su condición e intentan evolucionar.

Hombres queribles: Aquellos que aceptan su desconcierto amoroso y aprenden a criticarse para mejorarse.

Idealización: Mecanismo psicológico consistente en sobredimensionar los valores de una determinada persona con el objeto de utilizarla como referente de identificación o ideal de perfección.

Identificación: Mecanismo psicológico consistente en tomar como referente de comportamiento a una determinada persona. La identificación puede ser *activa*, *reactiva* y *selectiva*. Eso permite que un mal modelo pueda provocar una identificación reactiva que beneficie al sujeto y viceversa. Lo ideal sería que las personas pudieran realizar, desde el Adulto, las identificaciones selectivas apropiadas para enriquecer su personalidad incorporando las mejores virtudes de las personas con las que se relacionan.

Infelicidad: Estado de malestar psicofísico provocado por la insatisfacción que siente la persona cuando su grado de congruencia, realización personal y amor armónico no adquiere los niveles de calidad que su Adulto requiere.

Infidelidad: Relación sexual mantenida con personas ajenas a la pareja, sin el consentimiento de esta.

Iniciativas de cambio: Decisiones cruciales que suponen una modificación importante en la situación del sujeto. Contribuyen al desarrollo del Adulto y junto a las responsabilidades asumidas forman la expresión máxima de las conductas de autoafirmación.

Instrumentos psicológicos: Todas las fórmulas, estrategias y procesos que propone el autor para favorecer la evolución de la persona hacia la seguridad y la madurez.

Inteligencia: Facultad psicológica que determina la capacidad de adaptación a un medio hostil y facilita la resolución de situaciones complejas. Utilizada a favor del Adulto permite la maduración personal, pero cuando está al servicio del Niño o del Padre puede conducir a la neurosis.

Inteligencia constructiva: Forma de utilizar la inteligencia en clave de comunicación Adulto-Adulto que hace sentir bien tanto al emisor como al receptor porque resulta enriquecedora para ambos.

Inteligencia destructiva: Forma de utilizar la inteligencia desde una clave de comunicación Padre-Niño que hace sentir inferior al receptor porque el emisor se sitúa en un plano de superioridad.

Inteligencia que enamora: Aquella que dimana de las personas que han desarrollado su Adulto porque han sabido mejorarse al positivar el sufrimiento, gracias a la adecuada utilización de la inteligencia constructiva.

Lemas terapéuticos: Citas, pensamientos y refranes que, utilizados adecuadamente, ayudan a que las personas mejoren su estado de ánimo y se orienten hacia la resolución de sus problemas y la consecución de sus objetivos vitales. Constituyen un importante material de apoyo de la Terapia Vital y son uno de los signos de identidad del método.

Lenguaje PAN: Forma coloquial que utiliza el autor para referirse a su modo de explicar y analizar la conducta desde el sistema PAN.

Libre albedrío: Principio del comportamiento que defiende la potestad del ser humano para actuar libremente porque considera que la propia persona posee la facultad de determinar su futuro.

Madurez: Grado de equilibrio y serenidad que se alcanza a través de la asimilación positiva de los acontecimientos negativos de la vida. Es el resultado de la superación de las distintas fases críticas de la biografía del sujeto gracias a la aplicación del sufrimiento productivo y a la realización de conductas de autoafirmación.

Matemática de los sentimientos: Dinámica psicoafectiva que genera la erosión del sentimiento amoroso de la pareja estable, por la acción combinada de los principios de habituación y saturación.

Máxima sabiduría: Estado que puede alcanzar una persona, a partir de los sesenta años, cuando su inteligencia constructiva es elevada y su madurez óptima.

Método terapéutico: Base teórica en la que se apoya el psicólogo clínico para ejercer su función.

Motivación: Actitud mental que predispone a la acción como resultado del efecto que produce en el sujeto la conjunción del deseo y la necesidad. Adecuadamente administrada por el Adulto facilita la consecución de logros y expectativas.

Mujeres decepcionadas: Aquellas que como consecuencia de su evolución ven mermadas sus posibilidades de encontrar hombres adecuados.

Mujeres queribles: Aquellas que por su grado de madurez aceptan adaptativamente el desconcierto amoroso de los hombres y gracias a ello optimizan su atractivo.

Neurosis: Estado de desequilibrio psicológico, caracterizado por la fragilidad emocional, la variación en el estado de ánimo y los comportamientos poco adaptativos. Según la Terapia Vital se produce cuando el Adulto de la persona está dominado por el Niño o el Padre, o oscila radicalmente entre ambos.

Niño: Parte infantil del Yo que intenta satisfacer sus necesidades sin hacer demasiado caso a lo que le prohíbe el Padre. En el Niño residen la intuición, la creatividad y el disfrute espontáneo, pero también la poca resistencia a la frustración y la poca capacidad para disciplinarse, puesto que se rige por el principio de placer.

Nuevo seductor: Concepto aplicable a un hombre mayor de 50 años que ha sabido integrar adecuadamente sus experiencias negativas gracias a un proceso de autocrítica que le ha hecho madurar y ganar atractivo. Su perfil se corresponde con el seductor maduro.

Objetivos vitales: Aspiraciones y metas que las personas se van marcando a lo largo del desarrollo de su historia personal.

Optimismo: Tendencia o propensión a ver y juzgar las cosas en su aspecto más favorable. Es un rasgo de la personalidad que está relacionado con el temperamento y la forma de interiorizar las vivencias infantiles.

Orgullo social: Satisfacción que siente una determinada persona al apreciar en su pareja una serie de valores que reciben la aceptación de su círculo de amigos y familiares. Junto a la comodidad relacional es un requisito necesario para una buena elección del sujeto amoroso.

Padre: Parte del Yo que aporta al individuo toda la información relativa a las normas de conducta que debe seguir el sujeto de acuerdo con las convenciones sociales, los principios legales y los códigos morales. Actúa desde el sentido del deber y su misión es evitar que el Niño sea demasiado caprichoso.

Pareja: Unión de dos personas que se implican en una relación amorosa con intención de mantenerla. Dentro del contexto de este ensayo se refiere a la que está formada por un hombre y una mujer, aunque la mayoría de sus contenidos son aplicables también a las formadas por personas del mismo sexo.

Pareja complementaria: Aquella que está formada por dos personas cuyas sintonía y sinergia de valores, carácter y estilo de vida enriquecen la relación.

Pareja de 1ª generación: Unidad de convivencia formada por dos personas que previamente no han estado comprometidas en una relación estable.

Pareja de 2ª o 3ª generación: Unidad de convivencia formada por dos personas que previamente ya han mantenido otros vínculos semejantes. A partir de la 2ª generación pueden darse tantas otras como las personas implicadas hayan experimentado. Por tanto, para uno de los componentes, la pareja puede ser de 2ª generación mientras que para el otro puede ser de 3ª, 4ª o 5ª.

Pareja estable: Unidad de convivencia formada por dos personas que adquieren el compromiso voluntario de prestarse apoyo recíproco y compartir la afectividad y la sexualidad.

Pareja ideal: Aquella que está formada desde el egoísmo positivo de sus componentes y reúne los siguientes requisitos: ilusión de los Niños, sintonía de los Adultos y recomendación de los Padres.

Persona inmadura: Aquella que ha sido educada en un modelo demasiado permisivo y, como consecuencia de ello, tiene un Niño caprichoso, un Adulto poco desarrollado y un Padre complaciente.

Persona madura: Aquella que tiene un Adulto desarrollado y es capaz de integrar, en su comportamiento, las demandas de un Niño educado que sabe aceptar las limitaciones que le impone un Padre dialogante.

Persona neurótica: Aquella que tiene un comportamiento poco adaptativo, caracterizado por la fragilidad emocional y la variación en el estado de ánimo, porque no ha sido capaz de encontrar la manera de satisfacer las necesidades de su Niño sin que su Padre le castigue o se vuelva demasiado permisivo.

Persona segura, madura y feliz: Aquella que ha logrado integrar adecuadamente su experiencia vital y ha encontrado el modo de expresar óptimamente sus capacidades. Es el resultado natural de una vida que ha posibilitado la maduración personal, aunque puede conseguirse, también, a través del sistema de autoayuda que propone el autor.

Pesimismo: Tendencia o propensión a ver y juzgar las cosas en su aspecto menos favorable. Es un rasgo de la personalidad que está relacionado con el temperamento y la forma en que se han interiorizado las vivencias infantiles. No puede corregirse del todo, pero puede moderarse a través de la actitud positiva.

Principio de habituación: Fenómeno vivencial en virtud del cual los valores de la pareja pierden parte de su importancia porque la persona se acostumbra a ellos, razón por la que se produce una depreciación del sujeto amoroso. Junto al principio de saturación explica el efecto de la matemática de los sentimientos.

Principio de saturación: Fenómeno vivencial en virtud del cual los defectos de los componentes de la pareja erosionan el sentimiento amoroso respectivo, por acumulación de una excesiva exposición a ellos. Junto al principio de habituación explica el efecto de la matemática de los sentimientos.

Problema: Contencioso que surge en la relación y genera la necesidad de ser resuelto.

Proceso: Evolución que se produce en el tiempo como consecuencia de las acciones que permiten ir cubriendo las distintas fases que lo componen.

Profecía autocumplidora: Principio psicológico según el cual la creencia que tiene una persona sobre las facultades y capacidades de otra genera en la segunda una tendencia a actuar de modo tal, que hace cierta esta creencia.

Protocolo: Conjunto de las reglas que deben seguirse para llevar a cabo un proceso. Dentro del conjunto de esta obra se refiere a la suma de las herramientas y los instrumentos psicológicos que conducen a la seguridad y facilitan la madurez.

Psicología humanista: Escuela creada por Abraham Maslow y Carl R. Rogers a mediados del pasado siglo. Su característica fundamental es que defiende la naturaleza esencialmente buena del ser humano y su capacidad innata de automejora.

Realización personal: Sensación de bienestar y sentimiento de utilidad existencial que experimenta una persona cuando expresa, en lo que hace, una parte importante de sus capacidades y habilidades.

Refuerzo: Recompensa que recibe el esfuerzo cuando alcanza los objetivos que lo habían inspirado.

Refuerzo positivo: Aquel que incrementa la capacidad de acción del sujeto o mejora su seguridad personal.

Relación destructiva: Aquella en la que una persona, que se siente inferior a otra, intenta minarle la moral con comentarios que atentan contra su seguridad, para conseguir que esta se subordine emocionalmente.

Resistencia a la frustración: Capacidad del sujeto para aceptar la defraudación de una expectativa, porque su Niño está suficientemente educado para asimilar las consignas que, en ese sentido, le transmite el Adulto.

Responsabilidades asumidas: Decisiones cruciales que sirven para reforzar la posición del Padre en aquellas situaciones donde el Adulto considera que debe ser así. Junto a las iniciativas de cambio, forman la expresión máxima de las conductas de autoafirmación.

Rutina: Deformación perniciosa de la costumbre que aburre al Niño y empobrece al Adulto. Dentro del contexto de la pareja se produce por falta de variedad de estímulos tanto en el ámbito sexual como en el relacional.

Seductor: Hombre que desarrolla una especial habilidad para captar la atención de las mujeres en clave sexualizada porque posee en grado suficiente los siguientes rasgos básicos: atractivo físico, inteligencia, simpatía, mundología y seguridad personal.

Seductor maduro: Aquel que poseyendo el perfil, y como consecuencia del desarrollo de su proceso de maduración personal, es capaz de despertar un interés sexualizado en las mujeres, sin utilizar estrategias de engaño.

Seductor neurotizado: Aquel que poseyendo el perfil, y como consecuencia de una mala gestión de sus experiencias vitales, necesita afirmar su frágil seguridad enamorando a las mujeres con estrategias capciosas.

Seguridad personal: Resultado de la valoración positiva de los cuatro elementos que la componen: autoestima, autoimagen, autoconcepto y competencia sexual.

Sentimiento de congruencia: Sensación de bienestar psicológico que se produce cuando una determinada acción o decisión ha sido tomada desde el Adulto después de un diálogo interior suficiente. Sirve para comprobar que el comportamiento realizado está realmente al servicio del desarrollo del Adulto.

Síndrome: Conjunto de síntomas que caracterizan a una enfermedad, trastorno o disfunción.

Síndrome de la supermujer: Conjunto de las características positivas que siendo buenas para la seguridad y la autorrealización de la mujer dificultan, en la práctica, la posibilidad de encontrar una pareja masculina.

Síndrome del kilo de novecientos gramos: Sensación de insatisfacción relativa que siente la persona cuando la valoración que hace de su relación de pareja es buena, pero está por debajo de la calidad que le permitiría sentirse satisfecha.

Sistema de autoayuda: Conjunto de principios y estrategias que se utilizan en los libros y talleres de autoayuda para que las personas aprendan a resolver, por sí mismas, sus problemas.

Sistema PAN: Forma de explicar la conducta a partir de los tres estados del Yo. *Sistema* hace referencia a las claves internas que determinan el comportamiento. Y *PAN* es el acrónimo de Padre, Adulto y Niño.

Sufrimiento: Sensación psicofísica desagradable provocada por una contrariedad, frustración o defraudación de expectativa.

Sufrimiento amoroso: Aquel que se produce por la falta de reciprocidad del sentimiento amoroso, o por la forma inmadura o neurótica de vivirlo.

Sufrimiento destructivo: Aquel que genera comportamientos que agravan las consecuencias de las causas que lo han motivado.

Sufrimiento estéril: Aquel que no contribuye a superar las causas que lo han generado.

Sufrimiento productivo: Forma de sufrir en virtud de la cual la persona deja de sufrir porque aprende de lo que sufre.

Supermujer autosuficiente: Aquella que desarrolla su autonomía hasta un punto tal que hace que su felicidad dependa más de su congruencia interna y de su realización personal que del amor. Precisamente por ello, resulta la variante de supermujer que construye relaciones amorosas más armónicas.

Supermujer castradora: Aquella que, por cronificación del perfil de la supermujer reactiva, llega a neurotizarse en el ámbito amoroso. Su excesiva competitividad con el sexo opuesto hace que tenga una actitud ambivalente hacia los hombres que la lleva a inferiorizarlos, menospreciarlos y utilizarlos.

Supermujer conformada: Aquella que acepta su realidad amorosa de forma adaptativa. Con el tiempo suele evolucionar hacia las variantes de autosuficiente o facilitadora.

Supermujer facilitadora: Aquella que quiere favorecer con su excelencia los éxitos de sus parejas. Es la variante que más beneficia a los hombres que se relacionan con ellas, aunque tiene el inconveniente de que no siempre recibe reconocimiento o compensación a sus aportaciones.

Supermujer reactiva: Aquella que poseyendo toda la excelencia propia de su condición de supermujer se afirma competitivamente ante los hombres hasta un punto que dificulta las relaciones amorosas armónicas.

Supermujeres: Superlativo creado por el autor para referirse a las mujeres de entre 40 y 60 años que reúnen los siguientes requisitos: son guapas, inteligentes y tienen formación media o superior. Poseen autonomía económica, un alto grado de seguridad y una notoria madurez personal.

Temperamento: Vigor con que se expresa neurológicamente las características constitucionales del sujeto.

Tendencia actualizante: Concepto creado por Carl R. Rogers para referirse a la capacidad de todo organismo vivo para orientarse, de forma natural, hacia lo que mejor le convenga para su desarrollo.

Teoría de la felicidad: Resumen de las tesis que defiende el autor para facilitar la felicidad a través de la congruencia interna, la realización personal y el amor armónico.

Teoría de la seguridad personal: Principios básicos sobre los que se apoya el autor para defender un nuevo concepto de seguridad, basado en cuatro facilitadores principales: autoestima, autoimagen, autoconcepto y competencia sexual.

Terapia Vital: Metodología terapéutica creada por el autor en el año 2004. Es una síntesis de determinados contenidos de los modelos terapéuticos de Sigmund Freud, Alfred Adler, Viktor E. Frankl, Carl R. Rogers y Eric Berne, más las principales ideas-fuerza de sus libros de autoayuda. Está especialmente concebida para estimular el desarrollo de potenciales y favorecer la maduración personal.

Tiempo natural: Aquel que el sujeto necesita para asimilar una realidad o provocar un cambio en su comportamiento. También puede aplicarse al tiempo que se supone adecuado para que un proceso se produzca de acuerdo con los referentes normativos que son propios de la situación que se está analizando.

Vivencia: Forma de calificar lo que se vive para diferenciarlo de la experiencia, que es aquello que se aprende de lo que se vive.

Vocación: Orientación natural del sujeto hacia el ejercicio de una determinada actividad porque su Adulto le dice que tiene capacidad para ello y su Niño siente el deseo de activarla.

Voluntad: Capacidad de mantener libremente un esfuerzo continuado hacia metas que se consideran asequibles. Forma parte de las cuatro facultades esenciales del potencial humano y ejerce una influencia fundamental sobre las otras tres porque, gracias a ella, se pueden mantener las conductas de autoafirmación y las decisiones cruciales que posibilitan la consecución de los objetivos que el Adulto se ha fijado.

Yo: Forma en la que el Análisis Transaccional se refiere a la facultad psíquica que hace que la persona tenga conciencia de sí misma y proceda a sus elaboraciones mentales. Según esta escuela, creada por Eric Berne, el Yo está formado por tres partes a las que denomina Padre, Adulto y Niño. Esta nomenclatura es también la que ha adoptado la Terapia Vital para explicar el comportamiento y la que ha sido utilizada en este ensayo.

OTROS LIBROS DEL AUTOR CITADOS EN EL TEXTO

Amor al segundo intento
Análisis en profundidad de las principales causas que erosionan la calidad de las relaciones de pareja. Ofrece pautas para positivar el sufrimiento amoroso y crear vínculos fundamentados en el amor armónico.

Sexo sabio
Tratado sobre la prevención y el tratamiento de la inhibición del deseo. Se ha convertido en un libro de referencia para el mantenimiento del interés sexual dentro del contexto de la pareja estable.

La felicidad personal
Obra que defiende la tesis de que la felicidad debe depender más de uno mismo y menos de los demás. Por eso propone una teoría de la felicidad fundamentada en tres parámetros que pueden ser potenciados por la propia persona: la congruencia interna, la realización personal y el amor armónico.

El nuevo arte de enamorar
Obra que aclara las claves psicológicas y emocionales que generan el enamoramiento y posibilitan su transformación en amor. Su lectura ayuda a que ambos sexos puedan sentirse cómodos dentro del vínculo amoroso sin tener que renunciar a la propia identidad.

Peter Pan puede crecer
Peter Pan fue un personaje de ficción creado por James Matthew Barrie, que Walt Disney inmortalizó para el cine y Dan Kiley convirtió en un síndrome que sirve para identificar el perfil de los hombres adultos que tienen un comportamiento infantil. ¿Qué puede hacer el hombre Peter Pan para dejar de serlo? Esa es la pregunta que contesta el autor para facilitar que los hombres del siglo XXI inicien su viaje hacia la madurez y no necesiten refugiarse en el país de Nunca Jamás.

El secreto de la autoestima
Este libro plantea una nueva teoría de la seguridad personal que trasciende el concepto de autoestima. Su idea básica es que la seguridad depende de cuatro factores: *autoestima, autoimagen, autoconcepto* y *competencia sexual*. Partiendo de esos cuatro componentes expone el método que ha creado el autor para que cada persona pueda descubrir el origen de sus inseguridades y la forma de superarlas.